广西壮族自治区
地方志编纂委员会办公室 编

圩集
XUJI

第一辑

王光荣
张孝飞

著

社会科学文献出版社
SOCIAL SCIENCES ACADEMIC PRESS (CHINA)

总　序

　　《广西风物图志》的问世，是地方志书出版的一个新尝试。

　　广西地处边陲，历史悠久，民俗民风独特，秀美瑰奇的山山水水，百越和中原长期融合形成的绚丽多彩文化，呈现着许许多多引人入胜的特色和亮点。《广西风物图志》正是将广西那些自然、人文方面最有特色、最具亮点的内容单独提取出来编写成志，并形成系列。与20世纪80年代出版的一卷本《广西风物志》相比，《广西风物图志》丛书重点更加突出，内容更加丰富，这就如同将串起的"珍珠"，在强光下一颗颗聚焦，在交相辉映中更显奇光异彩。

　　《广西风物图志》几乎每页至少有一幅图，或是景物图，或是风情图，或是实物图，或是特制图等。这些图，不仅为内容做了恰如其分的说明和配合，而且在阅读上给人一种生动活泼的感觉。这种图文并茂的表现方式，使内容更加直观、通俗易懂，更加容易被广大读者接受，顺应了"读图时代"的潮流。

　　《广西风物图志》由广西壮族自治区地方志编纂委员

会办公室精心策划，组织对本选题内容有较深研究、在学术上有造诣有成果的专家纂写。既坚持志书秉笔直书传统，又不囿于志书的述而不论，在叙述中，读者会看到带文学笔触的细致描写、个性色彩的点评或论述，但这些描写、点评或论述，绝对不是凭空而作，而是建立在作者长期的学术修养和地方历史知识积淀基础之上自然生发的。采用这样的写法，是希望其能成为受广大读者欢迎的广西地方志书的普及读物。

作为尝试，《广西风物图志》难免会有诸多不足之处，希望广大读者，特别是有关专家学者指正。

2017 年 12 月

前　言

　　圩集贸易，是我国城乡传统的商品交换方式。南北朝时期，我国长江一带及北方农村称草市，南方农村称圩市，西南地区叫亥市。圩集的"圩"，在以往的一些史书和地方案上写作"墟"，后因"墟"、"圩"二字的含义及汉字变迁而两者通用。远古时代的圩集是民间约定俗成，当时没有人限令，也没有人召集，人们不约而同地到某地聚会，又到某个聚会点上作零星的商品交易，久而久之，出现了大大小小圩集。人类进入奴隶社会以后，各个奴隶主控制了一定的地域，开始设立政治、经济和文化中心，圩集逐步从比较零散的乡村转移到当时的政治、经济和文化活动场所，于是出现了圩镇。在南方，有许多关于圩集形成的传说。有些因传统买卖品种而成圩；也有些是因有人盟定婚约白头而成圩；还有为纪念一场剧烈枪战而成圩。在广西靖西市，端午药市，则是当地独特的民族医药风俗而成为一个药圩。该药圩始于宋朝盛于明清，有上千年的历史。

　　纵观历史和现实状态，圩集形成有有诸多的因素，一是产品交易成圩；二是情人聚会成圩；三是名人结义成圩；四是节庆活动成圩。不同时期，圩集发展状况有所不同，但都离不开这几方面的因素。

中华人民共和国成立前，至 20 世纪 80 年代，农村男女青年农忙时在地里忙活路，农闲时就没有什么重要的活路可做，于是选择于某个平坝、小镇对唱山歌，寻偶择伴，互送礼品。周围的人们往往趁此机会或做些小本生意，或前来旁观、凑热闹，于是那个地方就成了以青年歌舞活动为主的场所——歌圩。歌圩主要流行于广西各地壮侗语族民族聚居区。一年内定期的歌节有：正月十五、三月三、四月八、八月十五，以农历三月初三最为隆重，时间持续 2 至 3 天。

近代圩集发展与当时的交通条件亦有着密切的关系。由于交通闭塞，一方面阻碍了商品流通，使圩集的发展缺乏雄厚的社会经济基础；另一方面又直接束缚着圩集与外部世界的商品交流，从而使进入近代以来的广西圩集仍然保留其缓慢的发展状况。

目录

第一章

圩集的源流

圩集诞生于原始社会末期至奴隶社会初期。随着历史的推移和社会的变迁，圩集从原先的单一聚会发展为简单的商品交易场所，再由商品交易场所发展为综合性的集市活动，直至当今，成为一种多样性文化与经济活动。

第一节　圩集的名称

圩集，原名叫"墟"或"圩""集市""街""街市"，规模大一点的就叫圩镇，再大一点就叫作"城镇"。叫法不一，规模各异，原有的含义却是一样，都是指聚会交流、交际和做买卖的场所。

"墟""圩"二字原本是两个不同的概念，由于文字的演变，两者趋于通用，统指文化交流和商品交易的场所。"墟"原意为曾经有人居住而后来荒废了的地方。由于人们时常到那些荒废的地方相聚闲谈，于是这个"墟"字又被理解为聚会的地点。又由于集会的时候，除了参加集会人员外，伴有一些他人做小买小卖的生意，因此，墟，也成为小买卖的地方，久而久之，那些地方便形成了乡村集市。墟市。即农村集市。宋陆游《溪行》其二："逢人问墟市，计日

图 1-1 德峨圩日一角（黄鲜花摄）

图 1-2 兄弟民族妇女赶圩（黄鲜花摄）

买薪疏。"《文献通考：十四·征榷一》宋孝宗诏："乡落墟市贸易，皆从民便，不许人买扑收税。"（引自《辞源》1915年正编初版，1979年7月广西修订版第627页）

"圩"原意为土围子。如同一圈土城。古代，人们在低平地和滩头开垦建村。为了防水，同时也为了标示地界，需要先行建一土围子，于其内进行耕种或者居住，所居之处也就称圩，如"十二圩"。后来有些圩成为地名，称为某某圩、某某圩场、某某大圩、某某小圩。也有以"虚"代圩。唐代柳宗元《柳州峒氓》诗："青箬裹盐归峒客，绿荷包饭赶虚人。"宋·钱易《南部新书》辛："端州以南，

图1-3 现代农村圩集（黄春腾摄）

三日一市，谓之趁虚。"宋代范成大《豫章南浦亭泊舟》诗之二："赶墟犹市井，收潦再耕桑。"

宋《太平御览·郡国志》曰："窦州悉以高栏为居，号曰干栏，三日一市。"《寰宇记》谓"容州夷多民少呼市为虚。"众多古籍对圩有记载，圩的形成至少在唐朝之前，湘、赣、闽、粤、桂等地区的农村集市（古书中作"虚"）圩日："赶集，赶圩，客家人叫赴圩。"西南地区的农村把约定俗成的集市交易称为"圩日"，人们到集市上交易，或办事，就叫赴圩。圩日文化丰富多彩，有其深厚的地方特色，成为西南地区人生活中的重要组成部分。

新中国成立后，几度文字改革，汉字不断简化，"圩"字逐渐替代了"墟"字。从"墟""圩"的概念人们可知，圩集最早形成于人们的交往、聚会活动。最初的交往主要是议论、商讨，久而久之，形成商品贸易的交流。据古代文献记载，南北朝（公元 420~589 年），长江一带及北方农村称草市，南方农村称圩市，西南地区叫亥市。还有称村市、山市、野市的。

按照常规，两个方位距离比较近的圩集、圩镇，赶圩的日期尽量互相避让，避免赶圩的人两头分不开身。为此，大伙约定俗成，在一个时期或时段内，统一于某个日子来聚会和交易，这就变成两天一圩、三天一圩或五

图1-4　圩集篝火晚会（兵琪摄）

图1-5　吴圩的家禽街（黄春腾摄）

天一圩、七天一圩等固定的赶圩日期。

圩日的前一天叫"圩上日"。有些从远地来做生意的商人和小贩们，会在这天先住在圩集（圩镇）上的客店里，待第二天一早就把货物摆到圩场上或能够占一个好的摊档，希望把自己的货物早点卖完。这样抢时间，不仅是为了赶早回家，而且也图个赶早的吉利。

圩日的第二天叫"圩下日"，这天被认为是最没有生意可做的日子。一般来说，人们也不会在这天来到圩场做交易，甚至认为这天去圩场做买卖不吉利。买、卖前一天剩余的东西，对于买方或卖方来说，声誉都遭受一定的影响，因而圩日有剩余的商品也不会在这天拿出去当街

图 1-6　隆林德峨圩妇女们正在售卖自织的土布（黄鲜花摄）

摆卖。商贩常常是圩日后的第一、第二天有针对性地去进货，为下次圩日的好生意做准备。

不少地方把人流量大、交易量多、散圩晚的圩叫"老虎圩"，圩日这天，大街小巷熙熙攘攘、人头攒动，人数可多达万人。把人流量小、交易量少、散圩早的圩叫"黄擦圩"（蟑螂，客家人叫"黄擦"）。也有人戏称为"屙尿圩"，意为赶圩时间只有撒一次尿的时间那么短。这种圩一般到中午12点前就已经散圩，在圩场上看不到多少人。

到了圩日这天，赴圩的客家人中，有的是把自己生产的粮食、日用品或家禽家畜挑到圩场上去进行交易。有的是带上钱往圩里赶，买些自己需要的东西。有的则没事到圩场上转转，凑凑热闹，看看有哪些新鲜的东西。有的是要到政府里办事而顺便赴圩的。旧时因交通不发达，客家人卖东西只得靠肩挑步行，以前是骑自行车，现在几乎是骑摩托车或搭车赴圩，有拖拉机或农用卡车的则载着自己的产品去赴圩，步行的大多是圩场附近的人。

从一些圩集形成的实例可知，圩集的活动内容都是从单一的项目逐步发展为综合性的交易。远古时代，人们逐水草而居，逐步形成村落，而后又选择相对宽敞及地平、便于交往的地方，作为交流交易的场所，这就是圩集的雏形。最初，这些地方也并不叫"圩"，也未叫集市，

图1-7 现代圩集（黄春腾摄）

而只叫某坡、某弄、某场、某河岸、某山脚、某大树根，等等，凡是便于相聚、交易的地方就是一个点。后来人们对这些点有所选择，尽量集中在比较大的点，定期进行交易，并且交易的商品越来越多，形成了一行行、一道道的"街"或"街市"。这些街和街市就是如今我们所说的圩集的前身。

广西地处南疆，层峦叠嶂，交通不便，主要依靠西江河运与外界联系，洋货的大量进口，破坏了一些手工业部门，纺纱业因洋纱大量进口而萧条，但一些产品的输入又刺激着部分手工行业的发展。

如洋纱的大量进口，就为手工织布业的发展提供了廉

图1-8　自酿米酒上圩场（黄鲜花摄）

图1-9　金秀瑶族自治县新时代圩集（王光荣摄）

价的原料，手工业者纷纷购买洋纱织布，使广西织布业也有一定的发展。民国时期，桂林、郁林（今玉林）以及桂西地区的手工织布业还相当兴盛，土布颇有市场。洋货进口仅以洋纱、煤油灯为主，瓷器、竹器、纱纸、雨伞等手工业品仍是广西各圩集的重要商品。随着农产品商业化，一些食品、副食品的加工业迅速发展起来，碾米业、榨糖业、榨油业遍及城乡各地，成为广西手工业的重要部门。近代，广西出口商品中较为大宗的有桐油、牛皮、八角、云耳、茴油、茶油、熟烟、柿饼、罗汉果等，广西群众对这些商品进行简单的处理或初级加工，形成了一些独特的手工业，如爆竹业、中药材加工业等。

第二节　圩集与庙会

　　据有关资料记载，早期庙会是一种隆重的祭祀活动，随着经济的发展和人们交流的需要，庙会在保持祭祀活动的同时，逐渐融入集市交易活动，这样的变化从我国的北方和东部地区扩散到南方等其他地区。

　　庙会文化传到南方后，在名称上有所不同，即该活动在南方一般不叫"庙会"，而是叫作"庙圩"，明显地增加了"圩"的成分。乡村百姓趁庙会之机从四面八方来到

图 1-10　新时代的庙会（王光荣摄）

庙会现场赶圩。到了圩场上，多半不是参加庙会，而是购物、觅食，或是成群结队到场娱乐、寻偶择伴。许多男女青年就是在这些庙圩上交友结识，发展为情人，乃至成为终生伉俪。

无论是北方还是南方，参加庙会（或庙圩）的人一般都成千上万。在广西南宁市邕宁区奶奶庙，每年农历三月初十至十五日的庙会期间，善男信女从四面八方云集于此。奶奶庙和三义宫信奉的是道教，从上香的第一个娘娘庙至奶奶庙的正殿，有长达五公里的崎岖山路，山路上处处都是进供上香的人流。据庙管会负责人介绍，奶奶庙每日烧香的人不下五万。奶奶庙建筑气势宏伟、金碧辉煌，在袅袅烟雾缭绕下，整座宫院像披上了一层轻纱薄绢，使人仿佛置身于"天上宫阙"一般。

旧时庙会是结合佛、道两教的宗教节日而开放的，人们到庙里去，主要是为了进香、求福祈祥。有些定期庙会，晚期已无香火，演变成纯贸易性的集市，人们逛庙主要是买些土特产和日用百货，顺便看看小戏和杂耍。同时人们在庙会上转悠半天，必然又饿又累，看到各种好吃的，不免产生食欲。所以庙会上那种吃食摊子自然也就坐无虚席了。

第三节　广西各时代的圩集

　　不同的时期，圩集的状况和形态有所不同。圩集经历了萌芽、初成、发展、兴盛和变化的过程。

　　圩集起源甚早。《易·系辞》中已有"日中为市"的记载。这个"市"就是现今所说的圩集前身，它发轫于4000多年前的井边贸易。原始社会末期，随着剩余产品出现，人们常于清晨到井边打水，顺便将余货捎上，就在井边与他人交易。据《史记》记载："古人未

图1-11　金秀县古老的街道（兵琪摄）

图 1-12 现代圩集（黄春腾摄）

有市，若朝聚井汲水，便将货物于井边货卖"。因"市"
与"井"有此关联，后人常将经商买卖的人称为"市井
之人"。原始时代的圩集是人们自发的、不定期行为的
结果。交易的物品以多余的生活用品为主，多为氏族部
落之间以物易物进行交换。作为小生产者产品的交换和
调剂的场所，它仅仅满足当地居民"以有易无"的需求。
它的出现，并非基于商品经济发展的需要，而是自然经
济本身的要求。广西的农村圩市始于何时，因无文字记
载，已难以确考。

　　进入奴隶社会，圩集的发展开始从自发状态进入到自

觉状态。市井贸易进入有意识的人为规划阶段，贸易从井边转入"市"内。奴隶主为满足自己的私欲，开始在自己居住的"邑"中设"市"，形成城中有市、市依于城的局面。此时的圩集开始有了特定的交易场所和时间。《说文》曰："市，买卖之所也。市有垣，从门，垣所以介也。"说明此时的交易不仅有了场所，而且还带有城墙和门，显然城墙和门是奴隶主为便于控制交易所特意设立的。一般的交易因交易物品有限，因此多是"日中为市，交易而退"，到了西周，市场管理体系基本形成，因此出现了"三市"，即"早市""午市""夕市"。《周礼》记载："大市，日昃

图1-13　建国初期的圩集（王光荣摄）

而市，百族为主。朝市，朝时而市，商贾为主。夕市，夕时而市，贩夫贩妇为主。"

奴隶社会的市场，不仅要有围墙、有门出入，而且市场选址亦有极其严格的规定。《周礼》曰："国中九经九纬，左祖右社，面朝后市"。市场建于城北，位于宗庙之后，不能自由发展，尔后历代王朝建市，大多师承此格局，不敢逾越。唐以后，庙会勃兴，与此不无关联。

奴隶社会的圩集多在城邑，农村几乎没有圩集，只有到了封建时代才出现圩集。《南越志》载："越之市为墟，多在村场。"此书作者沈怀远是刘宋时人，可见至少南北朝时期乡场已有墟市之设。

图 1-14 古圩现影（王光荣摄）

图 1-15　圩集镇上风味小吃（兵琪摄）

　　广西与中原地区的贸易往来，至早可追溯至春秋战国，甚至更远。据《逸周书》载，大臣伊尹请商汤下令，要广西境内的"瓯"族人"以珠玑、玳瑁、象齿、文犀、翠羽、菌、鹤、短狗为献"。

　　献，虽不算贸易，但说明早期的广西生产力有了一定的提高，已经能提供较多土特产输往中原。

　　封建时代继承了奴隶社会的交易方式和管理形式的基础，又有所发展和突破。除了不定期集市外，还有定期集市，并出现了集市的高级形式——专业集市。此时的交易形式更加丰富和多样。汉时广西农村出现了圩市，南北朝时还出现了草市。到宋朝时，广西农村圩市发展为定期圩

图1-16　圩集旧址（兵琪摄）

市。元朝时，由于战乱频繁、商业萧条，圩集呈现萎缩之势。明清时期，由于社会安定、经济繁荣，广西各地的圩集呈现蓬勃发展的态势。清朝时，农村圩市进一步扩大，出现了一些综合市场和专门市场。

秦始皇统一中原后，又把统一大业转向南方。秦军占领岭南后，修建城堡，派驻屯兵，后人称为"秦城"，这些"秦城"不仅是军事基地，而且是贸易场所。《史记》载："始皇33年，发诸尝逋之人、赘婿、贾人略取陆梁地，为桂林、象郡、南海，以适遗戍"。可见，发配来广西的人，除犯人和赘婿外，还有不少商人。不难想象，商人把中原的经营方式和商业模式带到广西，使广西出现最早

图 1-17 由圩集演变而成的城镇
（兵琪摄）

图 1-18 美丽的新圩集
（王光荣摄）

的农贸市场。中原人的迁入，不仅带来了先进的农业、手工业等技术，而且促进了广西的贸易发展。自春秋时期起，广西境内就有商人活动。到秦朝时，商业活动开始活跃，特别是中原商人的加入，有力地促进了圩集的形成。

汉时广西农村地区出现圩市，农村集市的崛起和发展是城市集市的有益补充。

广西农村圩市交易的主体始终是农副产品和手工艺品，参与者多为农民和手工业者，商人较少，交易多在劳动间隙进行。此时交易的范围进一步扩大，商品种类也大增。中原地区输入广西的商品主要有铁制农具，四川的枸酱、蜀布经贵州运抵广西。同时经西江水系进一步运到广东。不仅如此，广西的对外贸易也得到发展。广西的葛布、土特产经合浦输出，玛瑙、水晶等从东南亚诸国进口，传入内地。原产非洲的西瓜经广西输入国内并成功种植。

南北朝时还出现了草市。这种草市的出现是自然经济深入发展的结果，是农村定期圩市出现的标志，也是农

图 1-19　分类鲜明的现代圩集（黄春腾摄）

产品集散的重要方式。

所谓草市有三种说法：一是因农民出售其草料而得名；二是因草舍而得名；三是因市场是非正式的，因草率而得名。第一种说法比较可信，因为南北朝时期，战争频繁，城市多集结军队和战马，而且牛马是当时的主要运输动力，因此需要大量的草料。农村的草料便成为走俏的商品。但草料易燃，需要宽敞的场地来堆放，农民就在城外的空地上堆放待售。久而久之，其他商品也在此地出售，也就有了"草市"的叫法。

广西的圩集还有对唱山歌和舞蹈表演活动。这种歌舞和圩集的结合，后来在岭南统称为歌圩。这是广西圩集不同于其他地区圩集的重要特征之一。南朝宋沈怀远《南越志》载："越之市曰虚，多在村场，先期召集各商或歌

图1-20　圩场高歌（兵琪摄）

图 1-21 古圩办事处（王光荣摄）

舞以来之，荆南岭皆然。"这表明歌圩表演乃是为招揽客商而设。这种对歌酬唱的活动规模极大，每场不下千人。

唐代，广西的圩集已有相当规模，但仍是不定期圩集。据《广西商业史料》记载，唐代以来，商业有了较大发展。中唐以后，岭南西道的桂北、桂东南和经济较发达的农村，初级圩市形成了一定的规模，商品交换日益扩大，手工业生产者和商人参与农村圩市交易活动渐多。于是，唐朝廷不得不放宽政策，允许州县以下的贸易中心置市，因此逐渐出现农村地方性市场，农村商品交换逐渐繁荣。是时，广西农业得到快速发展。农作物种类大幅增加，不仅稻、麦、棉麻得到广泛种植，茶叶、甘蔗、龙眼、荔枝、柑橘等经济作物也得以大力推广，成为农

图1-22　现当代农村市场（唐咸珍摄）

民收入的重要来源。农民用农产品换取自己不能生产的食盐、铁犁、农具等，广西的圩集亦因此得以快速发展。当时广西出产的桂布、桂管布在全国市场享有一定的声誉。晚唐时甚至还在岭南设立税务部门征收茶叶税，以增加政府收入。

　　宋代，我国北方战乱较多，广西则相对安定。北方人口大量南迁，带来了先进的农业生产工具和技术。农业和手工业得到发展，经济贸易出现繁荣景象，农村集市不仅增多，而且出现了定期圩集。

　　这种定期的圩集首先从桂林兴起，随后很快遍布广西各地。宋代，桂林是广西和岭北贸易的中转站，城内手工业发达，城外农业水平也相当高，因此形成了以桂林为中心的区域经济体。其内部商业活动和对外贸易都比较活跃。在桂林还分布着许多农村圩集，如东面有大圩，南有会仙圩等，《宋会要辑稿》记载仅广南西路象州就有 11 个圩集。不仅容州、邕州、浔州、横州、钦州等交通便捷地区出现圩集，就连偏僻边远的左右江地区亦有圩集。在桂南地区还出现了大型的博易场。据《岭外代答》载，南宋政府设立三个博易场：一是横山寨博易场，收购云贵马匹、药材，销广西纺织品、手工业品。二是永平寨博易场，当时的交趾人以名香、犀象、金、银、铁，与吾商易绫、锦、罗、布而去。三是钦州博易场，这也是中国与

图 1-23　繁华依旧的牛市（唐冠林摄）

当时的交趾的贸易场所。

宋时广西粮食不仅能满足本地需要，还可以大量外销。广西的谷米通过圩集大量运往广东，西米东运历千年不衰。谷米是宋时圩集交易的大宗货品，除了谷米外，牲畜也是圩集交易的重要商品，当时甚至出现了专门的牲畜市场。较著名的有河池的六圩、象州的寺村圩、临桂的两江圩、钟山的公安圩、隆安的南圩、邕宁的苏圩。这些圩集每年猪、马、牛等的成交量很大。不仅销往本地，还远销贵州、广东直至北方地区。为此，南宋政府还设立横山寨博易场。收购云贵地区的马匹。

当时还出现了不少各有特色的手工业圩集。如以麻布著名的临桂六塘圩、以油纸伞驰名的永福县罗锦圩、以

图 1-24　圩集古宝（王光荣摄）

产茶著名的苍梧县六堡圩等。此时的广西不仅商品数量多，而且"名牌"产品也越来越多，桂林的三花酒、羽扇雍州的麻布，桂平的瓷器，梧州的铁器、糖霜等都是名闻遐迩的商品。

广西矿产资源丰富，宋时矿冶业得到较大发展。炼铜、炼锡都具有一定规模。南宋政府曾在广西梧州设立元丰鉴（当时全国六个铸币厂之一）铸造钱币，以满足圩集发展的需要。

元朝时期，民族矛盾、阶级矛盾的尖锐，在很大程度上制约了商品经济的发展，集市贸易发展趋于缓慢。农村圩市也受到了极大影响，宋时遍布广西各地的圩集虽然照常活动，但规模已大幅缩小，商业活动日渐萎缩。

妇女赶圩在广西是相当普遍的现象，从古至今皆然，相沿成习至今，成为岭南一道独特的风景。宋人周去非《岭外代答》载："城郭圩市，负贩逐利，率多妇女。"元人陈孚《思明诗》载："手捧槟郎染哈灰，峒中妇女赶圩来。蓬头赤足无铅粉，只有风吹锦带开。"可以看出早在宋元时期，就出现了广西妇女赶圩的现象。每到圩日，壮家妇女盛装结伴赶圩，负柴担米，粜谷卖薪。妇女赶圩除了商品交换的目的外，还有人是为了谈情说爱、男歌女答、寻觅佳偶。

明清时期是我国封建社会商品经济发展的高峰。此时

图1-25　赶圩赴会的俊男靓女（兵琪摄）

的广西也出现了商品经济的高度繁荣。不仅农业获得空前
发展，与农业相关的养殖业，与此相关的手工业也获得空
前发展。大批的圩集如雨后春笋般大量出现，特别是代表
商品经济发展水平的专业圩集开始出现。圩集发展呈现
不同于以往的一系列新特征。

　　明清时期农业、养殖业及手工业等产业的高度发达促
进了商品经济的繁荣，为圩集的发展奠定了坚实的基础。
据《南宁府志》载，嘉靖年间，宣化县有圩集 13 个，横
州 19 个，上思州有 2 个，武缘县 29 个，隆安县 13 个，
永淳县 8 个。据（明）黄佐《嘉靖广西通志》记载：嘉靖
年间，梧州府有圩集 65 个，其中苍梧县 6 个，藤县 3 个，

图 1-26　规划合理的河边现代圩集新貌（王光荣摄）

图 1-27　现代农村市场（黄春腾摄）

容县 11 个，岑溪县 1 个，怀集县 3 个，郁林 10 个，博白县 5 个，陆川县 12 个，乐业县 10 个。在少数民族地区，每 30 个自然村就有一个农村圩集。至万历年间，广西圩集日渐繁荣。解缙诗云："大江圩上芦田寺，百尺深潭万株圃。柳店积薪晨宴后，壮人荷叶裹盐归。"即是对这一盛况的描述。

　　明代圩集规模有所扩大。明代著名地理学家、"千古奇人"徐霞客游历广西时，曾记录了当时圩集的繁荣景象："粥面打胡麻为油者甚众"，与此同时还出现了供游客住宿的"公馆"，繁荣景象可见一斑。明代大批粤商入桂，也有力地促进了广西经济的发展和繁荣。至晚清时期，粤

图 1-28　圩日赶圩（兵琪摄）

商发展成广西圩集经济中的主要力量，以致民间有"无东不成市"之说。他们将广东的手工业产品、农副业产品、海产品等及转经广东的浙赣、海外产品运至广西各圩集，如布匹、丝绸、铁农具、食盐、什货等，同时把广西的产品源源远销广东，如谷米、花生油、山货、药材等。粤商的加入，把广东和广西的各圩集连为一个统一的市场体系。

明代圩集规模扩大还表现在对外贸易的拓展上。明代实行海禁政策，至隆庆年间，海禁开放，广西的对外贸易蓬勃开展起来，当时的梧州是全国海外贸易的口岸之一（另一个是广州）。

清初，广西圩集在明代基础上继续发展，农村圩集星罗棋布，遍布城乡，成为农产品和手工业品的集散地。此时圩集更加密集，既有十日三圩，也有十日四圩的、五日一圩的，甚至有日日圩的，但以十日四圩为多。

在农村圩集发展的基础上，城镇圩集也得以持续发展。各城镇圩集商贸繁荣，街道增加，商业区域扩大。当时的专业圩集主要有布市、盐市、米市、牛市、猪市、珠市、木材市等。为适应高度发展的贸易需要，清初还出现了平码行。这个平码行是旧时城乡市场为买卖双方洽谈交易、收取佣金的中介行业，又称牙行、九八行、经纪行等。

图 1-29 南宁地方圩集
　　　（张孝飞摄）

　　到了近代，广西成为西方洋货的倾销市场。西方资本主义经济的入侵和挤压，破坏了广西自给自足的自然经济，导致农业和手工业进一步分离，促使广西圩集出现畸形发展。此外，西方近代工业品的倾销，又刺激了商品经济的繁荣和圩集的壮大。近代社会复杂的社会背景，使广西圩集发展呈现一系列新的特征。

　　近代广西圩集仍然保留着定期贸易的传统，但是一些在农村圩市基础上发展起来的圩镇不仅数量增加，而且规模也扩大了。如岑溪县由清末的 4 个增至 8 个，崇左县民国时新设 5 个，罗城县民国时新设了 15 个，隆林县新设14个。近代以来，一些普通圩集规模又进一步扩大，成为中心市镇，固定住户和固定商铺也不断增多。如都安县民国初期全县仅有100户商户，民国20年激增至2240户，增长了20多倍。

近代广西圩集商品结构也发生了较大变化，商品流通范围进一步扩大。民国时期，火柴、洋纱、洋布、煤油成了各圩集的重要商品，改变了过去圩集商品单一的结构。以往各圩集多为一乡一地的贸易中心，交易方式也较为简单。基本没有商人介入，多为农民和手工业者之间调剂余缺。近代以后，各圩集不仅有一定数量的坐贾，还有行走于各乡镇的行商。

由于各地地理和历史、经济发展水平不同，广西各地圩集的发展存在着较大的差异。主要表现为地区差别。在广西东部和东南部，圩集发展较迅速，不仅数量上持续增长，在发展规模和功能上也有很大变化，不少地方成为货物转运、集散的中心市场；而西部地区则发展较慢，圩集多为旧式的传统圩集，规模狭小，设施简陋，商业凋敝。这种不平衡还表现在圩集的分布上。广西圩集主要沿大江大河分布，有学者称之为树形分布。沿江沿河的圩集发展较快，而内陆地区尤其是山区发展较慢。民国以后，广西公路发展迅速，这种状况有所改变，公路沿线

出现了一些新的圩集，如郁林县城、荔浦县城、宜山和
南丹县城等的圩集。

　　清末，广西圩集的发展又与水运事业的发展密切联系。
水运事业的发展表现在航道、航运设施及航运工具等的改
进方面，航运工具的更新又是航运业发展的最重要标志。
近代广西航运事业的发展，促进了广西近代商品经济的发
展，这主要表现在农产品的商品化以及各类手工业和近代
工矿业的发展上。

　　各地农产品的商品化，各类手工业的发展，工矿业的
进步和对外贸易的增长所导致的商品流通量的扩大则带
来了圩集的发展和繁荣。

图 1-30　规划整齐的新市场（黄春腾摄）

图 1-31 新旧过渡时期的圩集（兵琪摄）

　　沿江圩集亦不断发展。由于水路是广西近代进出口贸易和内地交流的主要通道，航道自然成为近代广西商品流通的主要渠道，从而使近代广西商品的流动形成了以水运大动脉为主、以中小河流为辅的水上运输格局。在这种格局下，沿江得水运之利的县城和中心圩集发展迅速，其他只要有一帆之便的圩集也因商品流通量的增加而得到了一定的发展。

　　在广西近代水运业的发展中，沿江普通圩市的发展，表现为原有圩市的发展和新圩市的增加。清末以来，在水运业兴革的促进下，浔江、郁江、邕江流经

图 1-32　圩集演变后的街道（王光荣摄）

地区的河边圩市发展最为明显，其他各大小航道所经地区的圩市也都有一定的发展。

　　民国时期，广西圩集经济较之明清时期又有了重大发展，而在这一时期圩集经济的进一步发展中，粤商起了主导作用。最早一批粤商实际上在明清时代初期就进入了广西。晚清至民国时期，广西形成了"无粤不成市"的基本格局。

　　广东商人入桂和居桂人口规模扩大，支撑了广西境内各个圩市的情况体现在众多方面。首先，入桂的粤商在广西娶妻生子、生息繁衍，后代又多袭祖业，继续经商，人口不断增加。

粤商入桂后筹资返乡的情况极少，如晚清贵县四大家之一的林氏家族，祖先林仕经是康熙五十四年（1715）携长子林昌世从广东省番禺县五凤乡抵达贵县的。后来林昌世娶当地李氏为妻，生大桢、大楸、大昌三子，其后代又有十余人之多。其中大楸生有八子，这些子孙继续经营林宝昌号，直至咸丰初年，其中大楸的儿子分家时各得七八间铺子，130 多年间，林家人口增长了七八倍。粤商入桂的现象从未间断，尤其是清光绪年间轮运渐通、外国工业品输入广西以后，粤商入桂规模进一步扩大。

特别值得一提的是，较之湘赣等具有经济辐射能力的广西邻近省份，广东商人的入桂在近代获得了更为便利的条件。民国时期湘赣等省商人入桂仍然保持着传统的规模，他们只能继续通过节节蓄水行驶小木船的灵渠和徒步经旱道入桂，而两广之间，水路运输发生了载重量和运输速度数十、数百倍增长的巨大变化：广州至梧州，梧州至平乐、长安、柳州、百色、龙州等地基本上采用了新式的轮船、电船、汽船运输。

新中国成立后，圩集呈现新貌，但因为受到极左思潮的影响，在一定程度上，圩集的发展呈现波浪状。后经中国共产党及时拨乱反正，扭转了混乱局势，圩集贸易活动朝着正确的方向，呈现蒸蒸日上的局面。

1953 年全国土地改革结束，圩集发展一度呈现欣欣向荣的态势。但 20 世纪 60 年代初期至 70 年代末，受极左思潮的影响，圩集同其他各个行业一样，一度处于萧条和低落状态。具体表现在：一是圩场减少，许多圩场被合并到大的圩镇；二是赶圩人员减少，一些赶圩做买卖的人被扣上"投机倒把""资本主义行为"等帽子；三是圩期由原来的每旬三圩压缩为五天一圩、一个星期一圩、十天一圩不等；四是圩场上交易的商品大大减少，商品不能转手销售，甚至一些自产农副产品出售也被说成"资本主义因素萌芽"。

20 世纪 60 年代末至 70 年代中期，个别地方圩集的

图 1-33　社会主义初级阶段的圩集（王光荣摄）

图1-34　现代农村圩集（黄春腾摄）

图1-35　八音民间乐奏（王光荣摄）

图 1-36 鸡鸭市场（张孝飞摄）

圩场两端，分别插着"社会主义市场"和"资本主义市场"的牌子，将一些销售自产农副产品的农民赶到"资本主义市场"牌子下"接受教育"。另一头的"社会主义市场"里，卖的是一些过时甚至破烂的工业、手工业产品，没有多少人去光顾。农民们害怕，一时间不敢再拿自产的产品到市场上交易，只好在山弄角落里悄悄地进行交易，市场上的萧条状态，世人可想而知。

改革开放后，原有的圩集，除了交通发达和村屯变迁因素造成的自然消失外，正常的圩市都得以恢复，并越来越昌盛繁荣。如今，圩集已成为基层人民综合性的活动，遍布于广西的城镇和乡村。

图1-37　竹编市场（唐咸珍摄）

第二章 圩集种类

史志记载，乡村的圩集基本上到元朝始有文字记录。我国江南各地县习惯于每旬过三圩：或一、四、七，或二、五、八，或三、六、九，各圩自成惯例。

圩集的类型多种多样。

以交易物资种类分：牛圩、马圩、猪圩、狗圩、羊圩、鸡圩、猫圩、米圩、药圩、木圩、竹圩、石圩、布圩。

以行政区划级别或场所分：市圩、城圩、镇圩、乡圩、山圩、马路圩、户圩、寨门圩。

以活动内容形式分：歌圩、情人圩、儿童圩、老人圩、十三街、二八圩、三六圩等。

本章从圩集的形成和活动的主要内容分述如下。

第一节　行政区划成集——全圩

这是历代官方所定的圩集。据一般史志资料记载，各地县元朝以前就有了圩集，只是其存在的形式和发展的状态各自有别。康熙四十六年（1707），"乡有日中为市"。至乾隆二十二年"自城至乡，致民聚货""好言相商，交易而退"。

史料表明，旧时由官邸和新时期的行政机关所在地形成圩集的情况相当普遍。多数的官邸和行政机关所在地，原先都建在比较静谧的地方，以便不断扩展活动范围商讨行政事务和处理刑事案件。后因为官员生活圈周围的人群不断增多，逐渐形成小圩镇（圩集）。这种因行政区划形成的正式的圩镇（圩集），有几个基本的标志。一是有固定赶场（赶圩）日期，或一、四、七，或二、五、八，或三、六、九；二是有众多的人在这些固定的日子和大致统一的时刻前来做交易；三是有正式或非正式的圩亭。在这种圩集上交换和买卖的东西，首先是当地人们物质生活所必需的多种多样的商品。其中，农副产品是交易的主要品种，这是因为

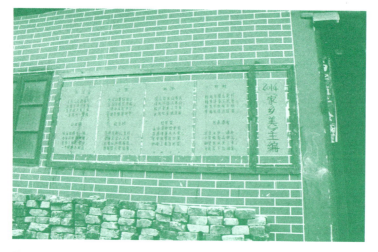

图2-1　圩集中的办公场所（兵琪摄）

圩镇上或圩镇周围生活的人员主要是农民，他们拿自己种养的东西到圩集上出卖，再买回其他生活生产用品。此外，还有一些小商小贩从外地引进官员和集镇上居民使用的生活用品。于是，这种圩集被称为"全圩"。

全圩地点的变动在南方比较普遍。地处中越边境的广西靖西县，20 世纪 80 年代就好几个圩镇是因为行政区划的变动而产生，也有一些原有的圩集因为行政区划中心的变动而趋于消失。该县的地州乡（原称"地州公社"）传统的圩集是在坡豆村。该圩已有上千年的历史，但由于它距离新开通的公路主干线较远，公社管委会就不设在

图 2-2　散场了的圩集
（黄春腾摄）

坡豆而是设在主干线上的地州村。于是，该公社的圩集就慢慢地从坡豆转移到地州。尽管到 21 世纪初，坡豆也还有些村民在那里赶圩，但人数和交易的商品都越来越少，赶场的时间也越来越短，坡豆圩集呈现消失的趋势。

再者，也有些圩集是因为行政区域中心的出现而产生。同样是地处中越边境地区的广西那坡县百省、那隆和定业的乡府所在地原先并没有圩集，却因为当地设立了乡及乡政府，很快就产生了圩集。特别是百省乡乡府所在地，原先是一块荒地，距离左右零星农户都有四五里地，百省乡在那块荒地上建立起乡府后，周围零星的农户迅速向乡府靠拢，很快就形成了两三条小街道。由于当地距离中越两国之国界线仅 10 公里左右，经济贸易发展神速，圩集的规模也壮大得特别快，乡府和圩集建立不到 20 年，其规模及商品交易额就大大超过了邻近的许多圩镇，赶圩的边民包括中国、越南的圩客，双方都使用中国壮语南部方言土语交流，形成一种友好与和谐的氛围。

百省圩集的昌盛、当地边民生意的兴隆，吸引了周围的群众，原先管辖百省村的下华乡乡府所在地的圩集逐渐衰落，生意逐渐清淡。虽然那里还保持有供销社、各种生产资料门市部和旧圩亭，但赶圩的人已零零散散，原先摆卖农副产品的人，大多跑到十多公里外的百省街摆卖了。后来，当地政府进一步策划，将整个下华乡都归并到百省乡，各种乡级办事机构也都撤销了，这就改变了原行政区域范围。当然，这种改变不仅是由圩集变化所造成的，还有其他众多的原因，但行政力量的推动是主要原因。

全圩的形成还有一种状况，由于过去交通不发达，特别是大部分山区不通公路，行路艰难，赶圩买卖的货物要靠人挑马驮，为了省时省力，乡下农民在离家较近的小圩集赶圩。随着交通的发展，南方山区与平原地带一样，村级以上的行政区域都正式通了公路，乡下农民往来中大型圩集越来越方便，乘车到中大圩集赶圩，能够买到更多更好的商品，原先遍及各地的一些小圩集就自然而然不复存在。这种因交通的发展而消失的圩集各市县都普遍存在，而且为数还不少。如广西一个全县人口 20 万的那坡县，新中国成立初期有 40 多个大小圩集，目前就只有 20 多个圩集，大部分原因就是随着交通的不断发达，乡亲们选择较理想、较繁华的街市去赶圩。

第二节　物资交流市场——商圩

　　物资交流的市场，往往是由商品交易场所逐步形成圩集。这类圩集一般以推销外来的商品为主。赶圩的人，除了本地农民外，还有大批自外地来做生意的人。

　　圩集上交流的商品多种多样，有大类小类。一般都是按照消费者的需求及特征划分，有衣、食、住、用、行等，包括有食品类、服装类、鞋帽类、日用品类、家具类、家用电器类、纺织品类、五金电料类、厨具类等；也可按照消费者的需求层次划分，有基本生活品类、享

图 2-3　便民圩集（黄春腾摄）

图 2-4 药市一条街（王光荣摄）

受品类和发展品类等；按照消费者的年龄和性别分为老年人用品类、中年用品类、青年用品类、儿童及婴儿用品类或女士用品类、男士用品类等。

二是从商场经营管理商品的角度划分，可分为主营商品、一般商品和辅助商品。

主营商品类在销售额中占主要比重，反映商场的经营特色，是商场利润的主要来源；一般商品类旨在配合主营商品的销售，是满足顾客的连带需要、额外需要的商品，在销售额中的比重较小；辅助商品类旨在吸引顾客，提高商场规格，促进主营商品类和一般商品类的销售，在销售额中占有的比重较小；按商品畅销程度划分，有

图2-5 圩场药市（兵琪摄）

畅销商品类、平销商品类、滞销商品类；按商品质量及价格划分，有高档商品类、中档商品类和低档商品类。

小圩集上的商品，在新中国成立之前，一般是由赶圩的农户自产自销。新中国成立以后，圩集规模不断扩大，在中等以上的圩集、圩镇上，普遍建有供销合作社、生产资料门市部和农副产品收购站，商品就是通过这些部门销出。通过供销部门和生产资料门市部销售的商品，多半是外来的工业、手工业产品。包括工厂生产出来的农具、家用电器、各种炊具餐具，衣物、布料、鞋袜、装饰品、学校教学用的笔墨纸张，糖业烟酒及各种食品和副食品等。

　　长期以来，广西各地农民以"力田"（农活生产）为主、"不事商贾"，对商业有着某种偏见和陌生感。如贺县光绪年间"四民皆恋乡间，负笈从游、牵车服贾者无有"。直到 20 世纪初，大部分地区的农民逐渐改变了对商业的冷淡态度，他们从事商业活动的积极性提高了。众多农民为了拿出更多的商品到市场上出售，利用各种条件从事农副产品生产。农民生产的产品，一般都有部分拿到圩集上销售。

　　广西传统的输出商品主要是谷米、木材、水果等，品种不多；出口产品中有关的土货流通品种不断增加。其中

图 2-6　乡民自产自销的农产品（黄鲜花摄）

主要有农产品中的桐油、桂油、柴碳，禽畜产品中的生牛、皮革、猪鬃、鸭毛，手工加工品中的草辫、纸、竹器等。农副产品构成了广西出口贸易货物的主干部分，如在 1932 年的出口货值中，农副产品所占的比重高达90.77%。从各县的情况看，进口的主要是工业品，出口的主要是农产品。如武鸣县"入口货物以洋纱、火油、布匹、盐、洋火等为大宗，出口货以白米、烟叶、牛皮、山货、茶叶、花生油、豆类、龙眼干等为大宗"。①

---

① 广西省政府经济委员会编《广西各县商业概况》（1932年手抄本），第一册，"武鸣县""迁江县""贵县"。

第三节　以歌会友的舞台——歌圩

歌圩，顾名思义就是唱歌的圩集，是广西各族群众所特有的聚会唱歌活动，流传于广西各地。

歌圩源于氏族部落时代祭祀性的歌舞活动，随着社会的发展，这种原始仪式性的群体歌舞经历由"娱神"向"娱人"过渡，并从"舞化"朝"歌化"发展，从而形成群体性酬唱的歌圩活动。具有特别的象征性和凝聚力。

按照壮学专家黄现璠所言："壮族自古以来就是一个爱唱山歌的民族，可说壮族山歌是壮族文明的源点和重要传播手段之一。"壮语称山歌为"家"或"欢"。唱山歌叫"唱家"。何为"家"？古代女子无家，女以男为家，故女子的"嫁"字即由"女"和"家"两字组成，表明女子与男子共同生活始有"家"。如何"嫁"人寻"家"，壮族妇女即靠唱"家"（山歌）来寻找中意男人成家，壮族自古以来"倚歌择偶"的风俗即由此而来。同时，古代女子受封建礼教束缚，言行受到诸多限制，没有婚姻自由，无以为"欢"，从而以唱歌来抒发心绪或寻觅知心人结婚成"家"来谋得"欢"欣快乐。所以，壮族山歌的传统表现内容除神话、历史、政治、道德、地理、天文、传说故事、社会生活、生产劳动

图 2-7　音乐汇演（兵琪摄）

图 2-8　歌圩场上展风采（佚名摄）

外，绝大多数是谈情说爱，用以寻"欢"作"家"或成"家"得"欢"。

逢有婚丧喜庆，亲朋好友来到家中举行"家中歌会"，壮语称"欢江栏"。壮族历来具有定期集会唱歌的风俗，这种风习汉话称为"歌圩"，壮话叫"欢龙峒"（意为到田间去唱的山歌），或"欢窝敢"（意为出岩洞外唱的山歌），或"欢埠坡"、"欢埠峒"、"欢墟合"、"欢出岩"、"欢墟蓬"（埠与墟同义，即指圩市；坡指山坡、坡地；窝为出或去之义；埠坡指野地里的墟市）。据古代文献的记载，歌圩早在宋代就已经流行。南宋周去非的《岭外代答》载，壮人"迭相歌和，含情凄婉，皆临机自撰，不肯蹈袭，其间乃有绝佳者"。这里所说的就是男女青年聚会的歌圩。

清同治十二年（1873）三月倡修的《浔州府志》有刘三姐在唐代流寓浔州，与来求歌者对唱三个日夜不倦的叙述。北京地理总志《太平寰宇记》亦言及昭州（今广西平乐县城）一带壮族有"谷熟时男女盛服聚会作歌"的风俗。明清以后，渐与今日的歌圩接近，成为男女谈情说爱的文化娱乐方式。歌圩原来只流布于壮族聚居的地方，后来渐向多民族杂居的地区扩展，成为各族歌手施展歌才、以歌会友的民族文化交流会，以至成为各族群众的物资交流盛会。据广西师范学院民族民间文学研究所和广西社会科学院少数民族文学艺术研究所近年的初步调查，在广西壮族自治区的 85 个县（市、区）中，有歌圩活动的就有 40 个，大部分分布在桂西左、右江和红河流域的百色、南宁、河池等市。全区的歌圩点多达 642 个，南宁市辖的武鸣县（今武鸣区）就有 35 个。歌圩的时间大体在农事闲暇、春暖花开，及农作物归仓和秋收季节，也有在中秋佳节举行的。歌圩的地点多设在地势开阔空旷的田垌坡地、山麓，或是在当地壮族传说中的神灵庙宇所处地界。新中国成立后，一些歌圩点已向圩镇所在地靠近。新兴的歌圩点——赛歌会则多在圩镇所在地举行。赶歌圩的人除男女青年外，也有老年人和少年、儿童，老年人中有不少是当年曾名噪一时的歌手、歌师。歌圩规模小的三四百人，大的上万人，武鸣"三月三"歌圩和农历八月十五的灵水歌圩，人数一次常达四五万之多。歌圩持续的时间一般是一天或一天一夜。歌圩对唱通常是三至五人为一个歌组，有的是预先约好，一见面就开门见山对唱。也有的事先无约，相互以歌问津对韵后再正式对唱。在靖西、德保一带，多数是女青年合成一个歌组，坐在大树下或草地上，先唱一首脍炙人口的山歌，而后男青年各自组成歌组，按麻花、回梅、之时、江阳、开乖、登腾、真春、遮些、谋差、劳刀、穿莲、蒙通等韵脚各

图 2-9　广西歌圩（兵琪摄）

执一韵，一韵到底，向女方求歌。这些歌都是触景咏情即兴编成，比七步成诗的才思还更快捷。在男方唱了十多二十首（上下句合成一首、若干首合成一组）之后，由女方选择合意的组，用他们唱的韵脚来接歌，得不到女方步韵的各组就算失败。但也有不甘失败仍唱个不休，意图挽回或从中抢歌的。

　　对歌的歌词内容十分丰富，多为壮族人民所熟悉的事和物，有比有兴，形象鲜明，语言生动、朴实而含蓄，乡土气息浓郁，唱者男女双方，合起来不到十人，而听歌的往往超出百人以上。各地的歌圩称谓，崇左、宁明一

图 2-10　圩集上点火祈福（王光荣摄）

带叫"窝坡"或"歌坡"，即在坡地上会歌之意。德保一带叫"航诞"，"航"是壮语的圩，"诞"是壮语的"峒"，意为峒场圩市；靖西叫"窝岩"，意为山岩相会；宾阳、横县一带叫"圩逢"，邕宁一带叫"还球"。虽然称谓不同，各地山歌的唱腔也不一样，但都各具鲜明的地方特点和民族风格。如靖西的山歌特别宛转悠扬，而德保的山歌则显得急促粗犷，柳北一带民歌与邕宁一带的了了罗歌，也各具韵味。对歌的歌词内容不外是爱情、盘歌、斗歌几个方面，以情歌为主。邕宁县（今南宁市邕宁区）百济、良庆、那陈、南晓等地对歌还有"放球"、"还球"环节。所谓"放球"，即中秋节或重阳节，某乡青年邀请另一乡的青年上山对歌，在对歌中放球（实有挑战之意），造成一种特殊的氛围。

"球"是用鸡毛尾和牲绒结扎成篮球大小的绒球，下连银艺、红丝带、小铜铃，用红绸包裹，绸内有镜、梳、帕等化妆用品。有时扎个花篮装上，十分漂亮诱人，加上一封月饼、一条毛巾，一起"放"给对方。青年接球后经过准备，便于春节或二月二或三月十五至十七组织还球歌圩。歌圩第一天自由组合对歌，从早对到晚，从晚对到次日凌晨，还球才正式开场。双方歌队均由歌师4~10余人，主唱歌手2人，预备歌手4~6人组成。开场前接球方要用烟茶招待大家。对歌开始，男方托绒球、礼品边唱

图 2-11 长席宴会（兵琪摄）

边走向接球的女方。待礼品送到，山歌唱到第三句即往回
转。女方歌师立即编出对答歌词，于是女方边唱边把礼品
退了回来。这头几个回合多是互相谦让、赞扬，男方的山
歌对得不好，女方继续退回，甚至一直对唱达一昼夜之
久，还未能交出球的，直唱到双方畅所欲言，心满意足，
女方才肯收球。收后当场开球，切开礼饼分发给在场群众
一同品尝。

礼物里面的化妆品由女歌手收留。紧接着对歌进入高
潮，双方对唱内容顿时变成比赛、挑战，甚至带有讽刺
味道。山歌对唱立即扩散到全场，形成一片沸腾的歌海。
例如邕宁良庆区子伟乡坛必坡名歌师李云香唱道：

茶也少来烟也少，茶烟少少敬贤兄；
烟少白白用纸捲，茶少聊用井水蒸。

由于叠词太多，加之双庆语、韵律的制约，对手一直
未能对上。现在李云香已作古多年，这山歌仍是人们心中
的困扰，成为流传在邕宁歌坛的一件憾事。

在靖西、德保等地的歌圩则多半开展抛绣球活动。歌
圩盛会上，在对歌中，为进一步表达倾心爱慕之情，那
精致美丽的绣球会就"嗖"地被抛向女子心目中的小伙子，

图 2-12　丰富多彩的节日（王光荣摄）

而喜得绣球者，也立即把早已备好的戒指、手帕系在绣球上，抛还女方，这一抛接便是有情人订定终身，结百年之好。如今这动作柔美、洒脱的绣球舞已搬上舞台，并作为体育比赛项目风靡广西。

广西各民族均属能歌善舞的民族，男女老幼对山歌都特别喜爱。遇到什么就唱什么，指山唱山，指水唱水，指物唱物，形成"以歌代言"。在革命战争年代，就唱革命山歌，鼓舞人民斗志，反抗压迫，争取解放；改革开放后，壮族人民也用山歌尽情赞颂生活欣欣向荣的美好景象。

南宁国际民歌艺术节，简称南宁民歌节，该节的前身是 1993 年创办的广西国际民歌节，1999 年改用现名。它由文化部社会文化图书馆司、国家民委文化宣传司和南宁市人民政府联合主办。是融文化、旅游、经贸于一体的综合性大型节庆活动。艺术节一年举办一次，举办地点定于广西壮族自治区首府南宁市。从 2004 年起，南宁国际民歌艺术节在连续服务中国—东盟博览会的实践中，成功翻开了中国与东盟文化合作的新篇章，也成为广西与全国各地、世界各地文化交流的重要平台。

南宁市国际民歌艺术节除了活动中心的主会场外，还有许多分会场。每个分会场实际上就是一个圩集，商家可根据自己的经营项目，在不同的圩集开展活动，进行广泛的商品交易。

1999 年 11 月，首届南宁国际民歌艺术节成功举办了大型广场文艺晚会《大地飞歌》、1999 中国（南宁）民族服饰博览会、广西民族风情展演等系列文化活动。南宁国际民歌艺术节因此一炮走红。它以浓郁的民族风情、开阔的国际视野和强劲的现代气息，赢得了社会各界人士的赞誉。

南宁国际民歌艺术节的宗旨是继承和弘扬壮族人民的文化艺术，加强与世界各民族文化的交流。艺术节期间，国内著名艺术家、歌手以及国外民间艺术家为观众带来精彩纷呈的民族文化节目演出。与民歌节同时举办的还有时装大赛、壮族节日联欢、全国少数民族孔雀奖声乐大赛、旅游美食节、广西山歌擂台赛以及经贸洽谈会等活动。艺术节举办以来，在国内外受到了广泛赞誉，影响不断扩大。

2012 中国品牌节庆评选通过地方自荐、上级机构提名、指标考核、网上投票、专家评选打分的方式开展。以"特色性、创新力、国际化"为主题，围绕"科学引导力、文化软实力、创新发展性、区位竞争力、文化传承力、经济拉动力、群众参与度、社会和谐性"八个方面进行分类评选，从全国 5000 多个节庆活动中最终评选出 236 个品牌节庆。南宁国际民歌艺术节以其浓郁的民族性、强劲的现代性、广泛的国际性、高雅的艺术性和大众参与性，以及在推动地方社会、经济、文化发展中发挥的巨大作用，荣获"最受大众关注民族（民俗）文化节庆"奖项，在民歌节厚厚的荣誉本上再次写下浓重的一笔。

节庆文化带来的品牌效应，推动了南宁市经济社会的发展。以 2002 年为例，民歌节期间南宁市共接待游客

图 2-13　南宁市石埠圩集（张孝飞摄）

图 2-14　圩集上的蔬菜行（张孝飞摄）

22.84 万人次，全市旅游收入 1.19 亿元，形成了第四个旅游黄金周。至 2003 年，四年中南宁市共签订 577 个正式合同项目，金额达 240.58 亿元，还签订了 214.97 亿元的商品成交合同。而 2007 年的歌节，参会的客商人数达到 1100 多名。全市签订内外资合作项目 115 个，其中内资项目 86 个，总投资 279.92 亿元；外资项目 29 个，总投资 69.93 亿美元，折合 473.316 亿人民币。歌节活动之一的广西投资贸易洽谈会已成为全面推介南宁市投资环境，推动南宁市经济建设与发展的重要平台，成为在国内外有重要影响的经贸盛会。

南宁民歌节加上后来的东盟博览会，使得这个季节成为南宁非常热闹的一个时期。民歌节也吸引了众多的游客慕名而来，1999 年民歌艺术节期间到南宁旅游的人数约为 7 万人次，到 2005 年就升到了 60 万人次，增长了 8 倍多。

南宁市还下大力气充分利用中国—东盟博览会的平台做足做大东南亚文章，打造出《风情东南亚》、东南亚国际时装秀、中国（南宁）国际龙舟邀请赛、南宁·东南亚国际旅游美食节等多个节会，形成"东南亚文化链"，使南宁国际民歌艺术节的缤纷舞台成为东南亚各国文化精品的交流平台。

图 2-15　水果市场（黄春腾摄）

图 2-16　新式圩场（张孝飞摄）

第三章　圩集的经济效益与文化内涵

图 3-1　吴圩镇圩集农贸市场（黄春腾摄）

圩集原本是调剂有无的集贸市场，它的存在满足了人们生产和生活的需要，繁荣了社会经济。但由于圩集的形成发展受商品化程度、地理环境、交通条件、人口密度、生产水平、社会传统等因素的影响，它又带有浓厚的地域文化色彩，是一种独特的社会、文化现象。

第一节　圩集的经济效益

圩集的经济效益是圩集文化内涵的集中表现，这个效益主要来自农贸购销与行商坐贾，以及新型节日引资。

（一）农贸交易

广西圩集和北方集市一样，主要是进行物品交易，以满足人们日常生产生活之需。但由于历史上广西社会经济发展缓慢，生产水平低下，圩集的发展进度较慢，尤其是农村圩集发展很大程度上依然停留在"日中为市，交易而退"、"有人则满，无人则虚"的临时性圩集阶段。属于自然经济时代的传统圩集。

广西圩集分布呈现明显的地域特征。广西境内山地连绵，许多地区，尤其是西部和西北部"舟车不便，鱼雁不通"。

图3-2　人头攒动的吴圩圩集（黄鲜花摄）

平时出行主要走崎岖的山间小道。陆路交通落后，因此广西交通主要依靠水路。广西境内河流密布，西江及其支系成为广西境内的主导航道。它以梧州为总汇，各支流呈叶脉状分布于广西各地。广西圩集主要在以西江支系为主的大江大河沿岸，尤以居民密集或水路交汇处居多。在具体分布上，桂东南地区不仅圩集数量多，而且规模大，商品种类多，交易量也大。随着近代公路的兴起，沿路也兴起不少新的圩集，成为新的交易市场和商业中心。

在广西，从原始部落的物资交易到市井交易、乡村草市，一直到近代的圩集，农业始终发挥着重要作用。农

图3-3　广西西林县八达镇八达街圩（农愉摄）

副产品始终是圩集交易的重要商品。春秋战国时期，广西的贸易仍处于以物易物的阶段。交易的对象多为杂香、细葛、玑珠、大贝、翡翠、玳瑁、犀象之类的奇形异物，农产品很少。交易的媒介多为盐、米、布，俱不用货币。清朝郁永和《裨海纪游》记载："番人无市肆贸易，有金钱无所用，故不知蓄积。"清代张庆长《黎紫纪闻》记载："黎人类自食其力，从无为买卖生理者"。"黎中无圩市，从无鬻米者，贫人之食，有米者贷之，不计息，偿不偿亦不深校。"

汉时广西农村地区出现圩市，交易的主体主要是农副产品和手工艺品。唐宋时，圩集进一步发展，初步形成一定的规模。交易品有茶叶、甘蔗、龙眼、荔枝、柑橘、红薯、花生、山货、水产品、食盐、铁犁、农具、谷米、油、豆、牛、马、猪、羊、鸡、鸭、狗、果品、缸瓦、油纸伞、三花酒、羽扇、麻布、皮革、纸炮、藤器、瓷器、糖霜等，种类日渐丰富。明清时期的圩集不仅有传统的农副产品，还有来自广东的手工业品、农副业产品、海产品等如布匹、丝绸、铁农具、食盐、什货等。清末，个别圩集还可以买到各种洋货，如煤油、火柴、洋纱、洋布等，产品选择更加多样化。

圩集贸易的主体多是附近乡村的农民，绝少有商人参

图 3-4　糯米饭和粽子（农愉摄）

与。此皆因"一般人不事商业，惟知耕种，不务于末，务本而已"。目的主要是物物交换，用手中的农副产品换回自己需要的日常生产和生活必需品。《凤山竹枝词》曰："品袋一双豆几升，五更包饭赶乔音。便行便算盐和米，又买茶油一两斤。"这正是圩场交易的真实写照。赶圩的人以少数民族和妇女居多，当时，一些村姑和新婚少妇，头戴藤笠，身着婆衫、婆裙，出入村圩闹市，已经是稀松平常的事情。这是广西圩集不同于北方集市的地方。每到圩期，壮家妇女盛装结伴趁圩，负柴担米，粜谷卖薪。这和中原地区汉族女子"大门不出，二门不迈"藏于深闺形成了鲜明对比。

（二）行商坐贾

受到特殊的地理位置的影响，历史上广西政治、经济、文化和社会发展水平远落后于中原地区。"一般人不事商业，惟知耕种，不务于末，务本而已"，受这一风俗习惯的影响，广西圩集发展长期停滞于自然经济阶段，依然属于以有易无的"以物易物"。直到唐宋时期，广西圩集经济才形成一定的规模。到了明代，广西经济发展较快，圩集在数量和规模上都有了较大的提升，但是即便在经济较发达的邕州（南宁）、横州（横县）一带，圩集仍无固定店铺和人口。因此，广西圩集发展的内在动力和自生力严重匮乏，只能借助商品经济发达的邻省辐射带动。在外地商人的推动下，广西的商品经济发展迅速，圩集也得到快速发展。这些外来商人，以来自广东、湖南的居多，其次是来自江西、福建等省的。外来商人的加入，尤其是广东商人对广西圩集的发展起了关键的作用。

清朝中期，更多的广东商人进入广西，改变了广西经济贸易状况。鸦片战争后，广州及珠三角地区成为西方列强倾销近代工业品的地方，受到西方资本主义经济的强烈冲击，商品化进程加快。眼光敏锐的广东人，开始把目光转向经济落后的广西地区，他们带着西方近代工业品溯江而上，进入南宁、龙州、百色等地，开拓新的市场。郁江及左右江流域很快成为新的经济中心，商品贸易发展迅速，圩集经济也得到快速发展。广东成为对广西辐射影响最大的地区，为广西的城镇和圩集发展注入了强大的经济动力，这成为广西圩镇经济发展的关键动因。因此，"发财到邕州、无粤不成市"等说法成为当时对这一现象的写照。

广东商人在广西从事的行业范围很广，他们把广西的农副产品、谷米、土特产等运往外省，把外地的商品及西方的工业品运抵广西。涉足较多的有小百货、各类土特产、手工作坊、典当、行商水客、船运业等，凡是可通舟楫的地方，都有粤商的足迹。

为团结在桂同乡、相互支持、共谋发展，广东商人还成立同乡会，建立会馆、书院等，如要明书院、梅江书院、二邑（南海、东莞）会馆、顺德书院、新会书院、粤东会馆。会馆的建立，是商人存在及其实力的标志。在广西，多数州县都有一个或几个粤东会馆。

广东商人不仅给广西带来洋油、洋火、洋钉、洋布等近代西方工业品，也带来了充满广东风情的珠江文化。骑楼、粤剧、粤语等都是经广东商人传入广西的。富有广东

图 3-5　南宁吴圩圩集

风格的骑楼被移植到广西，取代了过去壮族的"干阑"和清代的七柱屋，屋外虽烈日炎炎，骑楼下却阴凉舒爽。骑楼大受当地人欢迎。

　　在众多的广东商人中不乏成功人士，尤以邓迁光、邓钜光兄弟二人为代表。他们祖籍广东佛山，在酱园当学徒，学成制作酱料手艺后，联合佛山同乡一起合股，在沙街鸡鸭巷办起了"万利酱园"，生产豉油、醋、黄皮酱、海鲜酱、柠果酱、辣椒酱，与浙江人开设的上海酱园竞争，渐渐争取到更大市场份额，在全市开了 37 家店铺，还在百色开了分店，鼎盛时工人达 300 多人。

　　广东商人在广西经商的成功，引得江西、安徽、浙江、福建客商纷至沓来，激活了广西的经济，也刺激了广西圩集的迅猛发展。当时，码头热闹，舟楫云集，市列珠玑，户盈绮罗。各地商人会馆比比皆是，徽州会馆、江西会馆、粤东会馆……来自五湖四海的商人推动广西经济不断发展。

社会发展到当今时代，不仅圩集星罗棋布于广大基层中小市场，而且大都市也借圩节的东风，吸引四面八方商贾货郎，获取更大的经济效益，广西南宁国际民歌艺术节便是个例子。

图3-6 灌阳圩集（唐咸珍摄）

第二节 圩集的文化功能

根据圩集的表现形式，圩集的文化功能归纳起来大致有以下几个方面。

（一）娱乐功能

圩集作为人类组织的一种社会活动，不仅是商品交换的场所，也是人们交流信息，怡情娱乐的重要场所。逛圩或赶圩是一种乐趣，也是一种消遣。圩市上琳琅满目的商品，熙熙攘攘的人群，此起彼伏的叫卖声，以及江湖艺

图 3-7 圩集镇上笑迎贵客（兵琪摄）

人精彩的表演，对于那些为生活所累从而很少娱乐的村民来说，无疑具有一种吸引力。岭南圩市还有许多文化生活设施和文化娱乐活动，村民可以参与娱乐活动。

南方一些圩镇利用圩日，开展斗鸡、斗牛和斗马活动，吸引观众或招揽商贾。

（二）情系功能

圩日一般都有联络感情的作用。这些感情有些是友情，有些则属爱情。

少数民族地区圩场体现的多半是婚恋之情。在广西靖西大新一带壮族民间，每逢歌圩日，多举行抛绣球活动。抛绣球的目的，是竞赛娱乐，也是以绣球传情，寻找意中人。靖西的化峒、湖润和大新的下雷、太平、宝圩、全茗、恩城、那岭、桃城一带，旧时的歌圩都有抛绣球活动。在活动中，女的用绸缎结成精致的球，球上系有两尺长的飘带，看见有中意的青年男子，便向他抛去；如果男子有意，当即接过绣球并系上小礼物，回抛给女方，且约好会面时间，互诉爱慕之情。有些则是男子于当晚点着火把到女方家里，但不能进女子闺房，只能隔墙谈心或互赠礼物，有的谈到半夜鸡鸣，父母非但不干涉，反而会很高兴。这样做，女的认为男的真心，日后就会嫁给他。这种抛绣球活动，在中华人民共和国建立以前就盛行，新中国成立初期在化峒和下雷还存在，20 世纪 60 年代以后才逐渐消失。

又如广西苗族地区跳坡节形成的圩集，其活动既是竞技活动也是一种情感交流。"跳坡节"是广西隆林苗族人民一年一度的文化盛宴，每年正月初一到十五举行，是苗族约定俗成的传统节日，是年轻男女交友和谈情说爱的好机会，很多男女青年都会在这一天找到自己的意中人。

节日的当天正午，主持人一声炮响，跳芦笙舞、摔跤、赛马、对山歌，各种各样的竞技活动全面展开，青年男子都使出浑身解数，都想在竞技场上取得桂冠，以赢得姑娘的爱慕。"夺冠战"最激烈的要数爬坡竿。它要求爬竿者像猿猴般轻捷地爬上坡竿顶端，取下事先挂在那里的腊肉和酒壶，然后快速地倒滑下来，先回到地上者为优胜。跳坡场上还表演高难度的芦笙舞"滚地龙"和"三锅桩"。这是对舞技和毅力的考验。凡在跳坡场上夺冠者，姑娘们便向他频频抛来鲜花、头帕，表达爱慕之心。

（三）竞技功能

为了丰富圩集活动内容，圩日上常常组织有丰富多彩的体育竞技活动。常见的项目有抛绣球、射鸡、瑞狮上金山、抢花炮等。

关于绣球，在壮乡流传着一个美丽的传说。说的是在800多年前的靖西县（今靖西市）旧州古镇下的一个小村庄里，居住着一户贫穷人家。贫穷人家的儿子阿提爱上了邻村的姑娘阿秀。阿秀美丽漂亮、生性善良，也深深地爱上了诚实、勤劳、勇敢的阿提。有一年春天，阿秀在一次赶圩的时候，被镇上一个有钱有势的恶少看上了，要娶阿秀为妻，阿秀以死相挟，坚决不从。恶少也知道阿秀爱着阿提，为了让阿秀死心，以莫须有的罪名，笼络官府，判阿提死刑。阿秀用彩线扎成有飘带的线球，送给阿提……后来沿袭成抛绣球的习俗。

射鸡是大新县宝圩的板价和板六村每年三月间歌圩盛会中举行的一项竞技活动。歌圩那天，青年男女都来对山歌，成年男子则聚集于附近的山边参加射鸡活动。射鸡的规则是：自带火药枪（火铳），枪筒里装入单颗铅弹，以抽签方式排定射鸡次序。作为靶子的鸡，用长约1丈的绳绑着脚，系在距离射手30米开外的地方。枪声一响，受惊的靶鸡飞跑不停。谁击中靶鸡，不仅可以把鸡拿回家去，还可获得其他奖品。

瑞狮上金山：这是大新县宝圩乡板六村每年歌圩日举行的表演竞技活动，内容包括狮子跃上高桌、猴舞、野人舞、拳术、双棍对抗、单棍表演等。乐器有高边锣、鼓、钗等；道具有狮面具一副，猴面具四个，野人面具一副。先是在平坦的广场中叠搭三层高桌，主持人爬上高桌，焚香祭天地、四方；然后舞狮者绕全场一圈；接着是四个"猴子"上台表演，其内容有戏闹、觅食、交配等；最后是"野人"与"狮子"同时上场，先是驱赶"猴子"，后是和谐相处，相互嬉戏。据农培勤老人说：狮子是兽中之王，能保佑村子人畜平安；猴子繁殖力强，能保佑村子人畜兴旺，五谷丰收。"狮子上金山"表演完后，又有一人上场表演拳术、两人上场表演棍术对打。

抢花炮。这是流行于南方地区壮、侗、仫佬等民族中的一项具有浓郁民族特色的民间传统活动。在 20 世纪 60 年代以前，大新县的歌圩日还保留有抢花炮活动。后因抢花炮活动花费太大，故已消失。

（四）庆典功能

每年农忙之前或者秋收之后，如元宵节、三月三、中元节、中秋节等，各地均要举行歌圩。

每逢节日，家家户户或杀鸡宰鸭，或烹猪煮羊，做五色饭、米花、糍粑或汤圆等，除合家聚餐共饮外，还请客走亲；并有供祭祖先、给先人扫墓、寺庙烧香、求吉祛秽，以及集会讲古、歌堂对歌、舞龙舞狮等节俗活动。瑶族则有达努节。达努节即为瑶年，届时举行宴会，摆七碗土酒，七串羊肉，欢跳猴鼓舞、雷公舞、打猎舞等。马山、上林等地瑶乡还有过洗澡节的习俗，以各种草药洗身，以增强免疫力。

无论哪个民族或哪个节日，都与圩集有着密切的关联，人们都少不了到圩集上做交易或开展各种文化活动。这已成为一种惯例。

（五）传艺功能

圩集中，除了能看到各种民俗活动外，还可以观赏民间杀猪阉鸡、修伞补锅、吹拉弹唱等各种民间独特的技艺。

各地圩集还可以看到手艺了得的"阉鸡佬"。阉鸡时把鸡头扭到鸡翼下，拔掉公鸡肋部的毛，然后划开一个小口，用两端带钩的弓撑开固定，用一根穿有马鬃的勺子伸进鸡肋，左右拉动细线，再用勺子掏出鸡睾丸，抓一把鸡毛贴于伤口处。前后不到两分钟。术毕，不用消毒，也不用缝合。

一些农村织绣能手（主要是妇女），也常常在圩场上一面摆摊刺绣，一面出售亲手织绣的工艺产品。不少村姑在一旁观看，悄悄学习其针法和手艺。那个摆摊刺绣的妇女也就成了义务的传艺人。

过去，还有些铁、木工匠，也在圩集上展示自己的手艺，从而揽得一些生意，同时也直接或间接地出卖一些小型农具，诸如锄头、刮子、镰刀、菜刀等。

第三节　圩集的民俗民风

　　民俗又称民间文化，是一个民族或一个社会群体在长期生产实践和社会生活中逐渐形成并世代相传、较为稳定的文化现象。它起源于人类社会群体生活的需要，在各个民族、时代和地域中不断形成、扩大和演变，为人民的日常生活服务。民俗也可以简单概括为民间流行的风尚和习俗。中国是一个具有悠久历史民俗传统的国家，在中国境内土生土长的各民族中，有广大人民群众创造的各类民俗文化，代代传承。这些民俗不仅丰富了人们的生活，还增强了民族凝聚力。遍布于祖国东西南北的圩集活动，本身就是一种民俗，而在圩集活动中所体现的其他一些民俗观念和行为，更能说明圩集体现了浓厚的民俗民风。

（一）婴儿少年寻聪颖

　　20世纪60年代以前，在广西西部许多少数民族中，婴儿出世满月或过百日，其父母就张罗一些酒席，为婴儿举办个祈求聪明伶俐的仪式。其中有个环节就是择日背着婴儿到附近某个圩集上走一趟，祈求聪明伶俐。

图 3-8　赶圩的儿童（王光荣摄）

　　赶圩前一天晚上或当天一大早，主家就设个便宴，邀请寨上的长老和亲朋前来聚餐。餐前，在场的长老念经诵词，为婴儿的成长祛邪，并给婴儿穿上黄衣。酒席间，众人还唱着娓娓动听的酒歌，营造出一种欢愉祥和的气氛，祝愿婴儿当天或次日赶圩祈求聪明获得成功。赶圩当天，出门前先给婴儿额头或耳根涂上一点锅底灰作记号。与此同时，在衣服上别上一根针以辟邪，预防恶鬼搔扰。

　　穿黄衣是当地一些少数民族的生育习俗之一。其惯例是婴儿出远门必须穿上黄衣，否则容易患上伤风感冒或其他疾病。特别是首次赶圩，主人家为了避邪，一定要给婴儿穿上黄衣。从科学角度而言，黄衣是用山黄姜汁染成，黄姜汁本身是一种药物，能起到预防疾病的作用。婴儿抵抗能力较弱，父母亲选择这种民间的防范措施亦是在理。民间巫师亦深知这点，但他们在表面上，只讲辟邪，不讲药用科学，不断传递神秘思想观念。

婴儿被背到圩场，围绕圩场走一圈，最后在卖葱蒜的摊前停下，分别买一棵葱花和蒜苗，插在婴儿的背带口，再围绕圩场走一圈或半圈，然后寻找一个适当的地方停歇下来，放下婴儿，让其母亲给他（她）喂奶。葱花喻示聪明伶俐，蒜苗象征婴儿长大后能够精打细算，过好日子。

婴儿长大，进入了儿童少年期，父母又择日带他（她）去赶圩。

此次赶圩要让孩子自己走路，不骑马，不坐车，以养

图3-9　赶圩的彝族少女（王光荣摄）

成他（她）不畏艰难的习惯。到了圩场上，这回不买葱花，也不买蒜苗，而是分别买几种牲畜类和其他小动物的饼干或油炸饼，以及两三样具有象征意义的玩具和文具。购买和食用牲畜类的饼干或油炸饼，是让他从小认识一些动物，扩大他们的视野，培养他们的兴趣；买文具和玩具，则是祈求孩子长大后，有知识、有文化，在社会上能够顶天立地。

（二）情侣赶圩定终身

在广西西北部地区，一些少数民族男女青年相恋后，择日结伴赶一次圩，确定结为终身伴侣，并于当天晚上，未婚新娘首次进入男方家，去见未来的公婆和兄弟姐妹。

未婚夫妻结伴赶圩，实际上就是向周围的人公开了他们的关系。虽然还没有领取结婚证，也还没有办酒，但已向众人表明他们是一对。当地习俗认为，没有经过结伴赶圩这一环节，青年男女相爱也只不过是玩一玩，未能表明他们是一对，第三者还随时可以插入。

在圩场上，购买一些有一定象征意义的生活用品，这是必然的事情。买东西时，一般由女的先开口，男的后掏钱。正如一首民歌所唱："妹想东篷跟来，跟哥走到那桑街，七个八个妹自选，七块八元哥自开。"东篷，是当

图 3-10　圩集镇上尝尝农家酒（黄鲜花摄）

地一种特别雨帽，这里指所有的定情礼物。那桑，地名，广西云南交界地区的一个小圩镇。

　　20 世纪 70 年代以前，农民生活水平较低，所买的东西均从实用出发，价钱并不高。女方也体谅男方的经济实力，提出要买的东西一般也多半是些针线活用品和小的银锡器，不会提出购买什么价钱昂贵和体积庞大的物品。

　　未婚小两口回男方家当天晚上，男方举行些简便仪式。主要是请一位祭师在小两口进门前，于门里置一只活鸡、三杯酒和一碗米，手持一炷点燃的香，先是面对门外，转而面对堂上祖先灵牌念经诵词。经词的大意是，小两口今日见了大世面而归，带来了鸿运，带来了喜讯，我们一家老少欢迎新人进屋来，特此禀告祖先：今日先以小礼相告，来日还将以大宴宴请亲朋好友同庆。

主家小规模宴请左邻右舍及至亲的亲属。酒席间，长老们同样按惯例唱酒礼歌，送小红包，表表心意，也可以不送。

未婚妻子此次到男方家见未来的公婆，只是来看看家，不属正式过门，故当天晚上不能在主家过夜。属本地、本寨人，就由未婚丈夫护送回家，若是外地姑娘回不了家，就在事先约好的亲戚家过夜。

（三）买卖过街不退货

买卖过街不退货，是各地圩集共有的习俗。因为要退货就会造成秩序大乱，容易发生纠纷，酿成尖锐矛盾。俗话说：离了铺子不退钱，过了街心不退货。买货的人必须看好、想好，不轻易取货和购货。此一习俗也提醒人们做事要认真思考，购买商品货物更不能随意举动，金钱不宜随意出手，出手了就无法收回。

不过，也由于这个规矩，一些商人趁机出售一些伪劣商品给忠厚老实的农民。那些来自乡下、老实巴交的农民，上了当，也只好忍气吞声，怒不敢言。地处中越边境的那坡县，20世纪50年代，有对新婚夫妻上街买套好了的棉被，卖主靠一张油嘴，说得小两口心动。两人只是用手摸摸，没有打开看里面的东西就买下了。当晚回到家打开来细看，发现里面套的是一张烂棉胎，但他们也不可能回到圩上换货或论理，因为他们也得遵从"过街不退货"的习俗。

（四）自带午饭不丢魂

山里的农民旧时赶圩都要自带午饭，这不是因为家境贫寒、怕花钱买午餐的缘故，而是源自当地习俗。无论是贫苦农民还是富户，赶圩时都要从家里带上一包午饭，到圩场上买些好菜而伴着食用。

此举与当地灵魂观念有关。

当地父老乡亲认为自己的灵魂时刻附于自身。到闹市上用餐如果没有从家里带午饭去，自己的灵魂就找不到主而游离于闹市之中。而若灵魂不附身这个人就会生病、遭殃。故无论是成年人还是少年儿童，不仅上山干活一整天时要带午饭，赶圩也要带上午饭。只要你在山上或圩场上用餐，都要或多或少地从家里包上一小包饭，作为自己的午饭，而且无论饿不饿都要打开来吃一口。

赶圩所带的午饭，也有一定的讲究。一是所带的饭必须是家中常用的主粮做成的，大米饭、玉米饭、麦面饭

图 3-11　现代圩集的熟食市场（黄春腾摄）

均可，作为零食的杂粮饭不行，以示清清爽爽，不带杂乱食物；二是米饭一定要煮熟，打开就能吃而不需要再加工；三是饭要煮成干饭，以便打包和携带。至于菜肴则没有什么讲究。

（五）出门赶圩不言凶

人们将赶圩作为外出的一个重大活动，都希望顺利而不想受挫。故也希望相关人员行动前说些好话，而不泼冷水、说不吉利的话。比如赶圩的人主要是去购物，就应该说"今天你一定会买得好货回来"，而不要说"今天你可能买不到你需要的东西"、"你不要买烂货回来哦"等。

若赶圩的人主要是去销售东西，就要说"你一定卖得好的价钱回来！"而不能说"你这些东西人家在街上卖得很便宜哟！"、"你这东西质量差！"等。

人们做事都祈求一个好兆头和好的结果，此俗符合正常的逻辑。从精神状态而言，凡出远门都需要有一个宽松愉悦的心情，以便高兴出门、愉快归来。赶圩也是一样，出门前不说不吉利的话。

（六）圩日交同最牢靠

交同，俗称交老同、交同庚。同庚，指的是二人同年出生，是同龄人（不一定同月）。交老同、交同庚，即两位同庚者结交为好友，两人互成"老同"或"老庚"，日

图3-12 圩日赶圩的人们（兵琪摄）

后在生活上患难与共，有义务互相关照，有福同享，有难同当。

虽然是同庚，但要真正结为老同、同庚，就得办些简便的仪式，即两人寻机会同饮一碗酒、同喝一碗汤。

饮酒喝汤的场合没有硬性规定，可以在公共场合当着众人的面进行，也可以二人在某个环境自定，只要说清楚这是二人交同酒即可。然而，大伙都认为在其他场合举行仪式印象不深刻，未能铭刻于心，容易淡忘和失效，因而在圩上吃午餐是最牢靠的办法。两位同庚者有意正式结交老同、同庚，便约定于某个圩日上街，在一个米粉摊上共进午餐。席间，二人同饮两碗交杯酒，发誓二人一生一世情同手足、患难与共。打那以后，两人的确亲密无间，只要一方有事，无论是红事还是白事，二人不分彼此，共同承担责任。

随着社会的发展，交同的范围有所扩大，即交同的对象不限于真正同龄者，有可能是年龄相差那么二三岁，却又志同道合、有共同的奋斗目标者。

（七）圩集店铺招财猫

当今圩集各家店铺普遍出现一种新景象，即店主都在自家店门口台面上，放置一尊猫状的模具，俗称招财猫。招财猫通上电源，只要开业便一直向出入的顾客和过往

图 3-13 圩集带来的特色产业发展（兵琪摄）

的人群招手，以祈求财源广进、生意兴隆。

招财猫，是一种猫型吉祥物。起源于 1000 多年前的中国，也有说起源于日本，是日本传统文化中常见的猫型摆设被视为一种招财招福的吉祥物，其历史可以追溯到四百多年前的江户。

招财猫通常采用陶瓷制作，一般为金黄色，也有白色、黑色或其他颜色的，各有各的象征意义。如金色象征财运亨通，白色表示时时刻刻招来福气，黑色能避邪消灾，粉色表示男女恋爱顺顺利利，黄色表示缔结良缘，红色表示无病无灾，蓝色表示事业有成，绿色表示金榜题名，紫色表示美丽健康，等等。

猫的形态多为一手高举至头顶，作向人招手状，举左手表示招福；举右手则寓意招财；两只手同时举起，就代表"财""福"一起到来。此外，招财猫胸前挂着的金铃，也有开运、招财、招福、缘起之意。不同颜色的招财猫代表了主人不同的愿望，表达了人类亘古不变的对幸福、美满、好运的希冀。

（八）圩日民俗展演

各地百姓常常利用圩日进行民俗文艺表演。在战争年代，这种表演主要是宣传抗战思想，激励民众投入战争，谋求解放，争取独立、自由、和平。如今的表演，主要是自娱自乐，同时也展示本地的民俗民风，吸引外埠游客，

图 3-14　圩日的民族音乐展演（兵琪摄）

为旅游业服务。表演的内容有反映现实生活、带有民俗色彩的精彩的文艺节目，更多的是那些具有生命力的神话传说故事和现代曲艺，如相声、小品等。

地处广西中越边陲的靖西市，自从 20 世纪 80 年代初就成立有近百人的业余民俗表演队。该表演队根据本地传统民俗和神话故事以及古代名著有关情节、人物，编演各种文艺节目，到县内各个圩集巡回展演，深受广大群众的欢迎。

其中，最有特色的是"飘色"（当地称"伴台阁"）和自制乐器八音。近几年来，这个表演队还受到百色市内兄弟县的邀请，先后到平果、德保、田阳等县展演，并应邀到南宁市参加青秀山、人民公园和江滨公园等传统民俗文化艺术节的展演。

图 3-15　圩集带来的旅游业（兵琪摄）

第四章 广西著名圩集

第一节　明清时期桂东四大名圩

（一）苍梧戎圩

戎圩，又名龙圩，是明清时期浔江下游南岸两广边界最大的集市，位于苍梧县境中部，毗邻广东。开埠于唐代初年，至今已有 1400 多年历史。到明朝中叶，发展成桂东商业重镇，因其位居桂东南三大名镇之首，故有"一戎二乌（今平南大安）三江（今桂平江口）"之称，主要交易商品有稻米、猪肉、禽畜、蔬菜、龙眼、荔枝、果蔗、芭蕉、茶叶、木薯、蚕茧、烤烟、竹笋、杂货、木制家具等。又因交易商品以大米为主，明清时期有"出不尽的戎圩谷，斩不完的长洲竹"之谚。清乾隆时期（1736~1795），聚居在此的粤商非常多，粤商开设的商店达 1200 家左右。道光、咸丰年间（1821~1861），仅广东商人经营的面条加工作坊就有 10 多间，最大的每间有十五六个工人，小的也有四五名工人，全是手工操作。光绪二十三年（1897）梧州被辟为通商口岸并设立海关后（见梧州开埠），戎圩的商业地位逐渐下降。

明中叶以后，"资广西之米东下"。至万历年间（1573~1619），广东每年需要从广西输米数十万斛，广东商人借此机会，溯西江而上，深入广西产粮区梧州、浔州、柳州、桂林、平乐等府，贩运粮食回广州、佛山、江门等地出卖，从中赚取丰厚利润。戎圩位于桂、浔两江合流之处，水上交通便利，为广西之门户，很快在谷米东运中发展起来，成为桂东商业重镇。到清乾隆年间（1736~1795），广东对广西粮食的需求量大增，每天从广平、新地、大坡等地水陆两路运来戎圩的谷米有 10 万 ~15 万公斤之多。在桂的粤商势力也因此愈益强大。据《乾隆五十三年重建戎圩粤东会馆碑记》载，当时在戎圩经商的广东商号达 1200 多家，多数贩运粮食。除收购谷米外运外，还从广东带来洋纱、布匹、食盐等物品出售给当地民众。道光、咸丰年间（1821~1861），戎圩出现较大的面条加工作坊 10 余间，其他如旅店业、染织业等也有所发展。至清光绪（1875~1908）中期，戎圩的工商业进一步发展，但谷米仍为最大宗商品，每日交易量达到 15 万公斤左右，仅"联兴号"一家每日的交易量就有 4~5 万公斤。另有大的牲口贸易商号"冯洪记"、"莫大亨"、"罗亚银" 3 家，当铺 10 多家，杂货铺 12 家，货源来自广州、佛山等地，销往上游之平南、贵县（今贵港市）、桂平、昭平、平乐等处。药材业、板木业、旅店业也各有数家。

（二）平南大乌圩

大乌圩，兴建于明末，又称大安圩，位于平南县大安镇。其兴起也主要得益于这一时期的谷米东运。顺治年间（1643~1661），广东商人在此地设置粤东会馆，"兴贩玉林、藤县、容县的谷米到圩，然后装船出浔江，贩运广东"。康熙六十一年（1722），大乌圩仅以兴贩谷米为业的粤商就有600余人，赶圩人数约有数千之多。有由粤商建立的基本行业苏杭什货铺（百货店）、土产收购行店、手工业作坊和工场、典当行、水面业、交通运输业等6大行业的铺户多家。其贸易范围远及藤县、容县、郁林（今玉林）、贵县（今贵港）等地。各地手工业品、土特产皆汇集于此，然后出武林江口换大船运广东。

（三）桂平江口圩

江口圩旧称永和圩，又名湟江圩。位于桂平市境内大湟江汇入浔江的水上要冲之地。当地早年主要是瑶民集中交易的场所。嘉靖十九年（1540），明朝官军在镇压大藤峡起义之后，为缓和民族矛盾，在桂平县城的大塘街和大湟江口设立圩市，允许瑶民出山买卖食盐、布匹、山货等物。后来随着大批广东商人至此处贩米东运，渐渐扩大交易规模，成为远近闻名的圩场。清乾隆以后，外来移民尤其是广东商人渐渐增多，圩市也因此繁盛起来，最后发展成为土货外销和手工业品内运的集散地。乾隆五十五年（1790），粤东商人刘懿所开的店铺就是小百货店的先声。粤籍米商也在此地大肆贩运粮食，同时将广东的绸缎、布匹、海味、瓷器运来销售。如著名的"仁兴店"就将谷米运到佛山，然后从佛山运回什杂食品和洋纱、大成布、大灰布等到江口。在船运业方面，嘉庆年间（1796~1820），每年有鹤山油船来运油，每船可装10万~15万公斤，多至20万~30万公斤，每年运油量可至150万公斤。至道光年间（1821~1850），每年由大湟江口至南海、番禺等地的货船就有400多艘，货物运量在5000吨以上。交易货物以花生油、谷米、布匹、猪、鸡、鸭以及山货、土杂、竹器为主。同治、光绪年间（1861~1908），清政府在浔州府城设卡收取厘金，很多船户为逃避课税，聚集在江口圩，销运货物，附近的石嘴新圩、平南的思旺圩等处的民众也通过方便的水路进行交易。因此，其繁盛景象一时大大超过府城。其他行业也有发展，其中以平码行最为显著。江口圩的粤商人数居戎圩、鸟圩之后，约有200人左右。

（四）临桂大圩

大圩是桂北水陆交通枢纽，位于灵川县大圩镇。在宋代末年形成圩市，明代得到较大发展。历来沿街檐下为市，还设有露天牲畜的交易市场，街坊长达 2.5 公里，俗称五里街，是桂北重要的商品集散地，沟通桂林、其他周边城市和农村集市的商品交换。至清代，大圩商业更加兴盛，商铺数量显著增加，市场规模不断扩大，堂馆等公共建筑增多。据道光二十二年（1842）《五福巷道重修碑记》记载，为该项工程捐银的商号就有阳益丰、两义当、邹天和等 30 余家。商业店铺在清代已遍及圩市各处。建成新街后，有广东、江西、湖南等商家多处，以交易粮食、豆麦、山货、糖类、盐类、杂货、牲畜等为主。后逐渐出现商业"四大家"：黄源顺，湘籍，经营土地、水面行，资本约 50 万银元；裕和昌，湘籍，经营百货、水面、土地等，资本 10 万 ~50 万银元；仁祥，粤籍，经营杂货等，资本约 30 万银元；广昌均，粤籍，经营百货、染坊等，资本约 20 万银元。

第二节　近现代具有特色的名圩

（一）靖西药圩

广西具有独特民族风情和地域文化特色的圩集，莫过于靖西端午的药圩。

靖西属亚热带季风气候，年均气温 19.1℃，素有气候"小昆明"之称。境内山明、水秀、峰奇、洞幽，故又有山水"小桂林"之誉。独特的气候和地理孕育了靖西的深山幽谷、奇花异草。充沛的雨量、适宜的气候，为各种植物的生长和繁盛提供了得天独厚的环境。据不完全统计，靖西境内有植物 256 科，1408 属，4503 种。靖西既是古田州地道药材田七的原产地统，又是青蒿素的种植基地。独特而丰富的植物资源成了靖西天然的药材宝库，故靖西是远近闻名的"百草之乡"、"田七之乡"。全县拥有中药材物种 3000 多种，约占广西药用植物的 1/3，位居广西各县之最，境内的通灵大峡谷素有"壮药谷"之美誉。

靖西端午药圩是由当地农民仲夏时自发赶集发展起来的传统药市，是传播壮医药文化、追求防病消灾健康生活的重大的群众性节日活动，是几百年来约定俗成的民间习俗活动。它既是一个初级的农贸市场，也是一个典型的传统文化习俗活动。这样一种充满民族特色和地方特色、联结传统文化和现代文化的节日药圩，在全国范围内尚属罕见。广西壮族自治区人民政府于2006年将其列入第一批非物质文化遗产名录。

关于靖西端午药圩的起源，一说始于宋朝，至今已有1000多年历史。据清《归顺直隶州志》记载："五月初五日，家家悬艾虎挂蒲剑，饮雄黄酒，以避疠疫。"习俗认为端午时节的草药，根肥叶茂、药力大、疗效好。这天游药圩，饱吸百药之气，可预防疾病的发生，不生病或少生病。所以这天远近村寨的草医药农及稍懂医药的群众纷纷将自采的中草药运至县城出售，年复一年沿习成俗。

药圩在每年农历五月初三左右开始，五月初五端午节达到高潮，并持续至初七、初八。端午期间，靖西县远近村医药农以及德保、那坡、田东、田阳、右江区、天等、大新乃至云南、越南等地民间医生和群众纷纷将自采自种的各种中草药，或各种药用动物、矿物等，肩挑车载到靖西县城出售。圩上除交易药材外，还互相交流壮医药经验、传授壮医知识、互相提供药材种子、发展药材生产等等。鼎盛时摊位多达4000多个，药材种类达1000多种，50000多人次参会。药圩成为空前的中草药材展销和民间医药经验交流的盛会。

药圩的当天，大多数人专程来买药，有的来向壮医药农请教医药知识，还有的是纯为"饱吸药气"而来。赶药圩的人极多，清早就有人挑药上市。八九点钟后，成百上千赶圩的人，陆续提篮拎筐来到圩市。中午药市达到高潮，除了本地群众、药农和客商外，每年还吸引着来自黑龙江、四川、贵州、广东、内蒙古等外省的客商、群众参加盛会。近年来靖西还举办了一系列壮医名医资格论证、广西壮医药发展论坛等学术活动。药圩还吸引了来自英国、马来西亚、缅甸、柬埔寨、老挝等国家的医药专家学者和政府官员参加。

每年上市的药材品种多达上千种，药材上市量400多吨。上市的药材主要有：黄花倒水莲、虎杖、苏木、骨碎补、大罗伞、小罗伞、金不换、黄精、良姜、黄姜、黑心姜、砂仁、大血藤、吹风藤、土甘草、土牛七、土党参、土当归、金银花、九节茶、鱼腥草、三叉苦、望江南、透骨消、杉木寄生、水泽兰、防已、土茯苓、田基黄、贯众、通关散、水田七、莪术、仙茅、杜仲、大风叶、石菖蒲、萝芙木、黄藤、钩藤、山楂、鸦胆子、七叶一枝花、土半夏、石斛、田七、砂仁、蛤蚧、蛇等，其中以黄花倒水莲为最大宗药材。药圩上，可以看到其他地方难以见到的各种名贵珍稀中药材，着实让人大开眼界。

在药圩上，还会有壮医名医开展义诊活动及壮医技艺展示，这里可以看到壮医名家向群众展示神秘的壮族医术。站台前往往挤满了各地来的群众，或聚精会神地观看展示，或认真地向医生咨询问题，或请医生把脉问诊。药圩到中午时达到高潮，人数多达数万，整个圩集摩肩接踵、人声鼎沸，挤得水泄不通。

靖西古属骆越地，壮族是骆越人的后裔，靖西端午药圩与古骆越文化密切相关。研究表明，端午药圩始源于骆越人的古老习俗——端午祭祀和端午养生。学界已证明端午文化源于越人的夏至祭祀习俗而非纪念屈原。端午习俗在屈原之前的古骆越时代已经盛行。屈原《湘君》中就有越人祭水神的明确记载。至于采药、佩药、吃药膳驱邪养生的端午文化习俗在《荆楚岁时记》有明确的记载："五月五日，竞采杂药，可治百病"。古骆越端午文化习俗的主要形式是"祭水神"，《列子》有"楚人鬼而越人禨"的记载，这"禨"就是"祭"，表明古越人喜欢祭祀占卜。祭祀的日子以"日中无景（影）"的夏至为标准。传说龙子和龙母都爱吃狗肉，所以古骆越人都在龙母生日那一天杀狗祭祀。

古骆越端午文化习俗目的在于驱邪养生，举行各种祭祀娱神活动是为了驱邪求平安，赶药圩、挂药枝药袋、洗药浴、吃药膳驱邪养生的目的就更加明显了。

（二）邕州商圩

邕州商圩，亦称邕州老街。

邕州，即今广西壮族自治区首府南宁市，是座历史悠久的边陲城市，古代属于百越之地，秦并南越，为桂林郡地。

南宁位于北回归线南侧，属于亚热带季风气候，阳光充足，雨量充沛，河网纵横、水路发达，较大的河流有邕江、右江、左江、红水河、武鸣河、八尺江等。古时，因陆路崎岖，交通不便，加之南宁位于中国的华南和大西南的重要而独特的地理位置，因此，南宁早早就成为广西和大西南重要的商品集散地，成为重要的商业城市和贸易中心。

早在 2000 多年前，南宁即有圩集交易，是广西较早形成发达圩集贸易的商业城市。至迟在唐宋时，南宁就已形成发达的圩集贸易，据《南宁商业专志》载："秦汉时期，邕州先民已在南宁左、右江及邕江两岸居住，并与各民族、多部落有贸易往来，唐宋以后，南宁圩市形成，

图 4-1　古镇新颜

并与周边地区贸易活跃，先民把自产的粮食、豆类、牲畜等带到圩市出售，换回食盐等生活必需品。"

邕州老街位于南宁市江南大道白沙大桥下。邕，城郭四方有水，环抱而成池。

"城郭四方有水"，这正是唐朝邕州城的特征，也是从那个时候开始，一个依水而建的千年老城的文化便根深蒂固地烙印在邕州每个老百姓身上，至今一谈起邕州，便会联想到历史悠久的古城和深远的水源文化。

唐·刘恂《岭表录异》卷上："夷人通商于邕州石溪口，至今谓之獠市。"邕州石溪口圩市，是唐代中国西南地区最大的民族贸易市场，时人称为"獠市"。

图 4-2 美丽的新圩集（王光荣摄）

　　宋时，为满足北方战争之需，政府曾于邕州设立"提举买马司"，下设东提举、西提举分管具体事务。当时的商人从横山寨（今百色田东）购进马匹，然后从南宁转运至北方。至于滇北的商人，除了将云南的马匹及各种土特产运至南宁，还将文医史农等书籍和日用品带回云南。据说南宋爱国将领岳飞曾经一次购买"广马"300 匹。

　　明时战乱，南宁圩集受到较大影响，朱元璋统一云、贵地区后，右江与云贵货物来往畅通，南宁圩集再趋繁荣，时人谓之"小南京"，俨然人间乐土。清时，由于政府严禁官营商业，圩集再度衰落。

　　逢卯圩是南宁市区最早的圩市，是由唐代邕州司马吕仁于景云年间所建，位于今广西壮族自治区防疫站与广西艺术学院一带。所谓逢卯圩，即逢卯日成圩，也就是十二日一圩，这种用天干地支来确定圩期的方式是很常见的，如隆安著名的牛圩，称为隆安亥圩，也是十二日一圩；天等赶辛日则是在辛日逢圩。

唐时，邕州形成了全国较著名的奴婢市场，当时"鬻口为货，掠人为奴"的贩卖奴婢之风盛行，政府虽屡次诏令禁止，然屡禁不止。在当时被掠夺的人口中，有很多僚人，时人称为"僚奴"。这些僚奴和牛马一样被买卖。当时的奴圩不仅有专门的市场，而且还设有市会、市丞等市场官员专门从事贸易管理，他们把奴婢分成上中下三等，按不同价格出售。这些奴婢或被卖至北方地区，或是贩卖至安南（今越南）地区。奴圩多设于州县以上城市，但也有许多奴婢交易在乡间草市或圩集进行，柳宗元《童区寄传》中的童区就是被乡间豪贼掠夺后在草市卖掉的。贩卖奴婢严重影响着经济和社会的发展，唐政府曾于元和四年、元和八年、长庆元年、太和二年诏令禁绝买卖奴婢，然收效甚微。

（三）邕州石埠圩

唐·刘恂《岭表录异》卷上记载："夷人通商于邕州石溪口，至今谓之獠市"。此书提到的邕州石溪口即今南宁石埠圩。邕州石溪口獠圩是唐代中国西南地区最大的民族贸易市场。因该圩位于邕江边，原多有石码头，故名"石埠圩"。古代邕州圩市多凭水而兴，因河成埠，石埠位于邕江沿岸，地理位置优越，交通水运便利，商埠圩市应运而生。

南宁古籍记载："石埠圩，在城西三十五里，二百三十户，寅申巳亥日集六百人，谷米豆食猪牛鸡鸭，圩濒大河，颇旺盛。"唐宋时獠市的商品交易方式依旧落后，圩集所售多为农副产品、布料、山货、水产品，所购则多为食盐和生产工具等。

南宁还拥有宋代中国著名的三大博易场。为沟通云南、越南等地区，宋朝以邕州为中心，在邕州辖区内增设横山寨、钦州、永平三个博易场，其中尤以横山寨博易场最为有名，是当时广西最大的马匹贸易市场，也是当时贸易额最大的农村圩集。

宋时，南宁圩集不仅有早市，而且还有夜市。早市又称"晓市、天光市"，主要用来缓解当时夜市的人流问题。后来晓市逐渐成为潮流，与夜市齐名。晓市限制也和夜市一样少，因此受时人欢迎。早市主要经营蔬菜、瓜果。农历七月初七乞巧节、八月十五中秋节尤为热闹。夜市，大约始于殷周之际，宋时南宁的夜市已相当繁荣，清代南宁夜市已经相当热闹，"小艇纷纷去复回，满江如市月明开。船头刚买鱼生粥，船尾猪蹄粉又来。"清末广西诗人黄体元《冷香书屋诗草》形象地描述了南宁夜市的热闹景象。夜市又称"鬼市",因半夜交易,鸡鸣而散,犹如传说中的"鬼"不见阳气;又因一群人三更半夜鬼鬼祟祟从四面八方聚到一起,手提马灯、手电,在地上的破烂中翻来捡去,低声讨价还价,交易完成,又偷偷摸摸摸黑回家,形如鬼魅,故称"鬼市"。

如今的南宁夜市最热闹的当属市内中山路夜市,这里几百米长的街道,挤满了几百个摊位。每天晚上华灯初上,街上的商户就会准时开张,成千上万的人就涌入小街,品尝来自全国各地的美味小吃,川流不息的食客使得小吃街热闹非凡。

(四)宾阳芦圩

芦圩镇地处宾阳县城,是该县县政府所在地,也是广西四大古镇之一。南梧、南柳公路交会于此,距南柳高速公路王灵入口处仅 20 多公里,距广西铁路交通枢纽黎塘镇 30 公里,距南宁市区 80 公里。

宾阳自古以来就是商贾云集之地,以"百年商埠"闻名于桂中南。县城芦圩镇是广西四大古镇之一。"宾阳货"以货真价实、物美价廉扬名于世,自古以来兴盛不衰,也使宾阳赢得了"小香港"的美称。早在唐宋时期,宾阳的布匹和竹编就被列为贡品，至明、清两代，宾阳产的陶瓷、壮锦、纸扇、纸伞、毛笔、小五金等行销区内各地及湖南、云南、贵州等地。壮锦、竹编、瓷器堪称宾阳"三宝"。改革开放以来，在党的富民政策指导下，聪明灵巧的宾阳人通过引进技术，大力改造和创新传统手工业，创出了一批竞争力强的品牌，形成了建材、陶瓷、壮编、竹编、皮革、纸品、小五金、农机具、卫生香、毛笔毛刷、鞭炮、养殖和农副产品加工等 30 多个行业 730 多个品种的民营企业产品系列。"红水河"牌水泥、广西著名商标"百娇"纸品、"美洁"牌瓷器、"广力"牌电杆、"檀香"牌卫生香、"金玉"牌餐巾纸、"宏伟"牌农机具等 30 多个品牌成为区内外响当当的品牌，产品畅销全国各地和远销欧洲、东南亚各国，起到了"树一个品牌，带一个产业，富一方群众"的"龙头"作用。近年来，宾阳县政府把民营经济作为第一支柱产业来抓，通过经贸两会这个平台，大力改善软环境，不断加大招商引资力度，实施项目拉动战略，取得了明显的效果。

芦圩，建圩于明朝嘉靖年间，距今已有五六百年历史，最初南同仁街头老树几家姓"卢"的人在此摆粥铺谋生，乡邻百姓称它为"卢家粥铺"。后来此地居民逐渐增多，商贾云集，发展成为圩市，人们便叫它为"卢圩"。

由于建圩初期，有人经常聚众闹事，为了缩小影响，避免官府查缉，所以后来当地乡绅建议将"卢圩"的"卢"改为"芦"，才形成了现"芦圩"的名称。

芦圩镇也是宾阳县传统手工业大镇，分布着有悠久历史的手工业村，从事手工业生产的人达3万多人，年产值达3亿多元。如王明村人产瓷历史悠久，产品做工精细，式样美观，价格低廉，销往贵州、云南等地；有吴村人生产的瓦堡；有蒙田村人制作的铁锯木制品；古城村委孟村人制作的凉席等。

芦圩的香菜，在柳州以南均有种植，也有野生的。那里的人管它叫香菜或野芫荽。芦圩的香菜叶片较大，是纯绿色的，形状有点像莴苣笋的叶子，边缘是锯齿状，茎如豌豆苗那样粗，根是白色的，叶互生。一株重约40克，叶、茎、根均可入菜。把它的叶或茎揉碎闻，既有桂林香菜的香味，又有鱼香草般的香味。

炮龙节是广西宾阳独具特色的传统节日，又被称为"东方狂欢节"，至今已有千年的历史，2008年6月入选第二批国家非物质文化遗产名录。炮龙节以游彩架、舞狮、舞炮龙等传统竞技活动为核心内容。舞炮龙每年农历十一、十五晚上常有举行。首先是"开光"祭典仪式，然后由"龙牌"、锣鼓、八音开路，举火篮、火把相随，按

"龙路"行进。舞龙者头戴藤帽、赤膊上阵，各家各户均燃爆竹夹道相迎。

（五）灵川和靖西牛市

灵川县位于广西壮族自治区东北部，地处桂林地区中部。县境最大东西横距 68 公里，南北最大纵距 83 公里。为漓江、湘桂铁路、国道 322 线中经之地。治所灵川镇（地名甘棠渡），南距桂林市中心广场 14 公里，北距兴安县城 47 公里。按铁路里程计，南距自治区首府南宁 447 公里。县境北和东北与兴安接壤；东和东南与灌阳、恭城、阳朔县毗邻；南环桂林（国道 322 线约 354 公里处与桂林市相接）；西接临桂；西北与龙胜各族自治县相连。灵川牛市位于该县大圩古镇边缘地区，独自成市，以牛市为主。春耕期间牛市规模可达百头，平时少也有 20~30 头。在这两个行市的交易中，有一种人并无可卖之物，也不买东西，他们凭借自己丰富的经验和口才，协助双方成交，起到一种"说合"的作用，并从中获取酬金。当地人称为"谈牛的"、"谈狗的"，也即"中人"、"牙子"。他们与交易双方总是在袖筒中捏指头议价，而从不说出价钱数。这种指头捏价：伸食指为 1，伸食指、中指为 2，伸小指、中指、无名指为 3，伸小指、无名指、中指、食指为 4，伸一个手掌为 5，伸拇指、小指为 6，拇指、食指、中指捏在一块为 7，伸拇指与食指为 8，食指弯曲为‘9，两食指相交为 10。这就是商业交易民俗——"袖里吞金"。现在从事"中人"的都是 50 岁以上的人，年轻人已很少再以这种方式进行交易。

灵川人喜欢养狗，也爱吃狗肉，有"好狗不过灵川"之说，因而狗市也与牛市一样显得相当重要，每逢圩市都有交易。

与灵川县遥相对，在广西西部百色市，有个靖西市龙临镇牛市，也是个远近闻名的牲畜交易市场。这是个壮族聚居的地方，也是全市最大的牛市。长期以来市场交易兴盛，耕牛和菜牛入市成交率达 70% 以上。每到圩日，远近的农民与各地牛贩子齐集于此，市场牛气冲天、人声鼎沸。

龙临镇牛圩开市历史悠久，尤其是近年来交易持续旺盛，最高单日上市量达 1000 多头，交易额近 400 万元。据一位年近八旬的龙临街居民黄定立老人口述，龙临牛圩成市于民国年间，每月农历逢五逢十日开市，至今已有百年的历史。每到圩日，各方商客云集，南腔北调，热闹非凡。上市交易的有黄牛、水牛、靖西本地矮马等大牲畜。

　　龙临牛圩入市交易的牲畜多从邻近的云南富宁、那坡等地进入，20世纪80年代入市和成交最为火爆，每到开市前夜，广东、海南、南宁等区内外客商便云集龙临，购牛商有100多个团队1000人左右，龙临街的客栈旅馆常常爆满；仅当地专为买卖双方牵线搭桥的经纪人就达300人。

　　随着知名度不断提高，龙临牛圩名气越来越大，牛市规模也不断扩大，现在的龙临牛市已经是三易其地。从龙临牛圩交易的大牲畜也跨出国门，远销越南等东盟国家。

图4-3　灌阳圩集竹编市场（唐咸珍摄）

图书在版编目（CIP）数据

圩集 / 广西壮族自治区地方志编纂委员会办公室编
. -- 北京：社会科学文献出版社，2018.1
（广西风物图志. 第一辑）
ISBN 978 - 7 - 5201 - 1827 - 9

Ⅰ. ①圩…　Ⅱ. ①广…　Ⅲ. 风俗习惯 - 广西 - 图集
Ⅳ. ①K892. 467 - 64

中国版本图书馆 CIP 数据核字（2017）第 289557 号

· 广西风物图志 ·

广西风物图志（第一辑）· 圩集

著作权人 / 广西壮族自治区地方志编纂委员会办公室
编　　者 / 广西壮族自治区地方志编纂委员会办公室
著　　者 / 王光荣　张孝飞

出 版 人 / 谢寿光
项目统筹 / 陈　颖
责任编辑 / 桂　芳

出　　版 / 社会科学文献出版社 · 皮书出版分社（010）59367127
　　　　　　地址：北京市北三环中路甲 29 号院华龙大厦　邮编：100029
　　　　　　网址：www. ssap. com. cn
发　　行 / 市场营销中心（010）59367081　59367018
印　　装 / 三河市东方印刷有限公司

规　　格 / 开 本：880mm × 1230mm　1/32
　　　　　　印 张：4.125　字 数：66 千字
版　　次 / 2018 年 1 月第 1 版　2018 年 1 月第 1 次印刷
书　　号 / ISBN 978 - 7 - 5201 - 1827 - 9
定　　价 / 49.00 元